J. Luis González G.

COLAPSO EN ESTADOS UNIDOS

★ ★ ★

EL DERRUMBE GLOBAL DEL CAPITAL

ENSAYO ECONOMÍA

COLAPSO EN ESTADOS UNIDOS
El derrumbe global del capital

D.R. 2020, Por la obra: J. Luis González G.
Primera edición, 2020

Diseño de tapa: Punto&Coma, servicios editoriales / Galaxia Literaria.
Imagen de portada: Depositphotos / Pagados los Derechos de uso.

Proyecto gráfico: Punto&Coma, servicios editoriales / Galaxia Literaria.
hola@galaxialiteraria.com - 33 1482 2765
www.galaxialiteraria.com

ISBN-13: 979-8650719908

Disponible en versión papel y ebook.

Esta obra se terminó de imprimir en junio de 2020.
Impreso y hecho en México.

J. Luis González G.

COLAPSO EN ESTADOS UNIDOS

★ ★ ★

EL DERRUMBE GLOBAL DEL CAPITAL

"A medida que pasan las generaciones se vuelven peores. Vendrá un tiempo en que serán tan malvadas que adorarán el poder; la potencia tendrá razón para ellas, y dejarán de reverenciar el bien. Finalmente, cuando nadie se indigne ante el mal ni se avergüence ante un miserable, Zeus los destruirá también. Pero aún entonces podría hacerse algo si la gente del común se alzará y debelara a los gobernantes que la oprimen"

Mito griego de la Edad de hierro

"Hombres libres y esclavos, patricios y plebeyos, señores y siervos, maestros y oficiales, en una palabra: opresores y oprimidos se enfrentaron siempre, mantuvieron una lucha constante, velada unas veces y otras, franca y abierta, lucha que terminó siempre en la transformación revolucionaria de toda la sociedad o el hundimiento de las clases en pugna."

Marx y Engels
Manifiesto del Partido Comunista

CONTENIDO

INTRODUCCIÓN

El tiempo ha pasado ya desde la defensa de mi trabajo de Tesis y las hipótesis de trabajo expresadas entonces mantienen vigencia y son cada vez más evidentes para el simple observador y con sentido común. Esta es la tercera edición impresa de aquellas ideas, pero con datos actualizados; la primera fue publicada en 2008, la segunda en 2012. Hubo también una edición previa en CD en 2002, de la cual vendí algunas copias en la FIL de Guadalajara en aquel año. En los diversos trabajos influyó la coyuntura para resaltar tal o cual aspecto de las conclusiones. Por ejemplo, para cuando se prepara la presentación de la tesis (1996-98), era evidente que el movimiento social en el mundo a favor de la democratización en todas las instancias -incluso en el sistema del socialismo real-, la revolución democrática era un movimiento histórico presente en el escenario real, un concepto acorde a la realidad y no solo las letras de un partido.

Dos años después, al final del milenio, el sistema económico llamado neoliberalismo se estabilizó y la llamada "revolución democrática" se institucionalizó lo qué acentuó las limitaciones teóricas y políticas de seguidores intuitivos, quienes, inevitablemente, fueron presa fácil del pragmatismo, la cooptación y subsunción a las reglas del sistema de poder y el populismo. De la mano de la "izquierda" electoral, la ultraderecha se hizo del poder en México y el mundo.

Para el año 2000, intelectuales y políticos de izquierda renombrados promocionaron efusivamente el "voto útil" por el candidato de la derecha; incluso no pocos "comunistas", a quienes pasó inadvertida la crisis económica en Estados Unidos de esos años, promocionaron a Chente Fox. En 2002, "milagrosamente" la guerra obtiene un pretexto y se extingue el escándalo corporativo encabezado por la compañía de energía Enron que sacudía Wall Street y la Casa Blanca. Con ello se "recupera la confianza" y se reactiva la inversión hacia un nuevo ciclo de mediano plazo que cierra su fase expansiva nuevamente con la caída de la inversión en Estados unidos en el último trimestre de 2006.

En el inter, fuimos testigos de un macabro *"reality show"*: más de un millón de iraquíes muertos a causa de la invasión, una corte medieval global dictando el ahorcamiento de Sadam Hussein como espectáculo y justicia mediática y del franquismo mexicano que abrió las fauces de la bestia en números de dictadura. Para 2012 la visión del "mundo feliz" donde todo es seguridad y control, vigilancia y espionaje parece que se ha derrumbado violentamente… En 2015 las expectativas económicas se mantienen entre nubarrones y la tercera guerra mundial inicia en los circuitos financieros globales para mantener al dólar como único dinero mundial y en los hechos geopolíticos con una provocación bárbara y salvaje en medio oriente y replicada en Ucrania y México.

Mientras los liderazgos sociales se pierden en el caos de las ideologías y el pragmatismo, el capitalismo trasnacional continúa en su proceso imperial-corporativo - expansivo y autodestructivo - y su dialéctica interna mantiene la tendencia al derrumbe. En cuanto al movimiento social de resistencia también esté continuó y se diversificó. Trasciende a los partidos y se ha trasladado a todas las manifestaciones de una nueva cultura que crece y aprende de sí misma pero aún carece de dirección consciente.

Esta obra pretende ser una exposición del proceso de *colapso y derrumbe* que viene experimentando el sistema de relaciones sociales de producción capitalista en la segunda década del siglo XXI. Es la consecuencia lógica de mi tesis sobre el derrumbe neoliberal (ESTADOS UNIDOS: TENDENCIA AL DERRUMBE DEL MODELO NEOLIBERAL -Fac. De Economía U de G 1998), COLAPSO EN ESTADOS UNIDOS: EL DERRUMBE NEOLIBERAL de 2002 y 2008). Las conclusiones son la comprobación empírica del proceso de crisis sistémica global expuesto por Carlos Marx en los tres tomos de El Capital y la continuación de su trabajo por Rosa Luxemburgo en su obra LA ACUMULACIÓN DE CAPITAL y por Henryk Grossmann en su libro LA LEY DE LA ACUMULACION Y EL DERRUMBE DEL SISTEMA CAPITALISTA.

I

La crisis social al inicio del milenio -como cualquier otra crisis histórica donde todos los aspectos de las relaciones sociales se perturban anunciando la transformación-, pone a prueba los conocimientos, la ciencia y las capacidades adquiridas por la sociedad humana; con estos conocimientos, la sociedad va construyendo su historia, entendiendo y transformando sus condiciones de vida en un proceso pretendidamente civilizatorio. En este marco las diferentes concepciones sobre la forma general en que se desarrolla la humanidad, sean estas teóricas, especulativas, místicas, religiosas o simplemente prácticas, "nacen", se "modernizan" y compiten tratando de hacer una interpretación racional y lo más exacta posible de los terribles fenómenos sociales vividos hoy; intentando convencer desde sus diferentes visiones, y verificando, justificando o reprobando los hechos; compitiendo en un mercado donde la mercancía conocimiento tiende a alejarse de la realidad práctica para alojarse en una especie de sacerdocio del cálculo llamado "tecnocracia".

Nos mostramos convencidos de que vivimos una etapa histórica soberbia, donde todo o casi todo puede ser explicado por la ciencia. Vivimos, según creemos, el paraíso del entendimiento ("economía del conocimiento" dicen). Y de entre las grandes mentes de la ciencia, algunos de ellos, quizá los individuos más "aptos" -aquellos quienes pretenden ubicarse por encima de las pasiones **o aquellos quienes hacen suya la pasión por el terror-**, los más "objetivos", ciudadanos del "mundo feliz" y la "calidad" abstracta no tengan mayor duda sobre cuestiones simples y comprendan racionalmente las guerras; y vean sin horror y con naturalidad la serie de hechos barbáricos que reflejan fielmente la degradación humana a la que nos ha llevado el sistema. Matanzas masivas desde el siglo pasado iniciando en África de los 80's entre etnias hutus y tuutsies o entre serbios y bosnios en Europa en los 90's, la imposición de guettos y política de opresión de genocidio de parte del estado Israelí contra el pueblo palestino, la barbarie de los grupos fanático-terroristas actuando incluso con apoyos militares desde Estados Unidos en siria y en Irak, conflictos en Paquistaníes e Hindúes o los bombardeos en Afganistán o los asesinatos de mujeres obreras en Ciudad Juárez y todo México con sus decenas de miles de desaparecidos, sus niños calcinados en una guarderías o el rostro desollado de un joven normalista o la cabeza y los brazos de otro joven quien unos días antes protestaba indignado. Para ellos quizá los genocidios perpetrados por los militares estadounidenses en Panamá o rusos en Chechenia, o los ejércitos de niños desamparados en México y Latinoamérica, o la indigencia y lenta muerte de los indígenas y los chavos de las bandas nacidas en las condiciones de vida de los barrios urbanos marginales, o la depredación y la contaminación de nuestro planeta, nuestros ríos, nuestras tierras, nuestros mares, nuestros bosques... o la triste desaparición de especies animales o rincones sagrados o santuarios son producto de históricas, normales y eternas condiciones de la naturaleza humana. O, los sacrificios "necesarios" del "progreso" y el "crecimiento económico". Quizá para ellos la vida humana y la naturaleza son cosas eternas sin necesidad de valor ético o moral alguno; objetos de la ciencia, a los cuales, para su estudio, el investigador requiere eliminar pasiones y sentimientos, su contacto con el mundo concreto.

A lo sumo, desde esa perspectiva, todos los recursos materiales con que cuenta la sociedad tienen un precio o beneficio, son cosas o sólo números: mercancías. No vida, ni idea ni materia ni cualquier otro valor de uso: mercancías. No son otra cosa. La rueda fatal de la historia la cual algunos "radicales" o "inadaptados", "chavos banda", vagos, o delincuentes o terroristas u holgazanes no alcanzamos a entender. Esa supuesta falta de objetividad por no ser y pensar como ellos, con la razón con la verdad a secas, nos impide comprender la grandeza o la necesidad de gobernantes como Fujimori en Perú o Menem o De la Rúa en Argentina o Pete Willson en el estado de California, Bush en Estados Unidos, Bucaram en Ecuador o Salinas, Zedillo o Fox o Calderón o Peña Nieto con una cuenta en su sexenio de más de 150 mil muertos y más 10 mil desaparecidos en su "guerra contra el narcotráfico".

Sin duda, los ejemplos más claros y concretos de cómo el saber científico se impone al hombre sencillo, al simple mortal que recibe un pago por su trabajo, son las medidas económicas tomadas por los líderes para "equilibrar" la economía y administrar "eficientemente", con "pertinencia", "excelencia" y "calidad" los "negocios" del gobierno. A saber, medidas tales como el tope al salario mínimo, la reducción del gasto público y las estrategias privatizadoras aplicadas en México han significado condenar a la miseria a millones de hombres, mujeres y niños. Las justificantes existen y nos aseguran que son medidas necesarias en pos de un futuro, pero... este anhelado futuro nunca llega[1]. Vidas muertas, sin posibilidades para escaparse del hambre y el desamparo[2] son

---

[1] Por más sacrificios, sudor y sangre consumidas en la producción o muerta en la guerra de la vida diaria por sobrevivir en el capitalismo de fin de milenio. En los últimos 15 años. ¿Cuántas veces se ha prometido un mejor nivel de vida para dentro de cinco años? ¿cuántas veces se ha prometido el crecimiento, mejores salarios y niveles de vida y el tan anhelado aterrizaje al primer mundo?

[2] Esta posibilidad, la de los desamparados, me parece suficiente para preocuparme por tal posibilidad, pues hay algunos ejemplos en la historia, de hombres enloquecidos de poder que pueden hasta. ordenar medidas asesinas por convicción ideológica o simplemente para sostenerse en el poder o para seguir siendo rico y poderoso, influyente y soberbio. No es necesario ponernos a indagar.

provocadas por decisiones racionales y científicas convencidas de ser verdades absolutas.

Desde 1996 escribí lo siguiente:

"Nadie puede negar la realidad del presente; el pasado puede servirnos para justificar nuestras ideas, ¿el futuro está entonces asegurado bajo la perspectiva de la teoría económica actual? ¿Es necesario el moderno sacrificio humano y ecológico otorgado al Dios de la macroeconomía? ¿Es el mundo "neoliberal" el único posible? ¿No hay posibilidad de error en la concepción general del mundo "neoliberal"? ¿Por qué entonces continúan deshumanizándose las relaciones sociales? ¿Por qué parece que se sigue degradando la condición humana a pesar de los grandes avances tecnológicos y electorales? ¿Todos los líderes tienen claro hacia dónde se dirige la humanidad y la cosecha que nos aguarda para el siglo XXI? Los positivistas neoliberales hablan del "fin de la historia" o de la "teoría de los juegos" –quizá unos convencidos de que el futuro es el presente y para los otros el presente es un juego."

En ese entonces el neoliberalismo era considerado una fatalidad y la oposición no tenía más alternativas que buenos deseos dando continuidad al modelo económico, lo cual no es lo mismo, pero es igual. En ese entonces los neoliberales pecaban de cinismo pues todos sus pronósticos eran erróneos con respecto al futuro inmediato de su plan económico que ha fracasado hoy en el largo plazo.

En 2015, el consenso de los gobiernos del mundo es que no hay alternativa al modelo neoliberal[3] y se niegan aceptar que el

---

[3] Tal es el grado de deshumanización que se alcanza en el poder si no tienes una visión de humilde mortal maravillado por el universo indescifrable que se

crecimiento de la riqueza no lo es todo en la vida, aunque prometa felicidad a largo plazo. Como dijera Keynes sabiamente, *"en el largo plazo todos estaremos muertos"*.

II

En el siglo XX, tras la caída del "muro de Berlín" y la utopía soviética, la teoría económica burguesa se encontraba más segura que nunca y lo demostraron refutando en la teoría y en la práctica las inconsistencias, hasta morales, de sus críticos[4]. Sin embargo, hoy es imposible negar que se observa la existencia de una tendencia lógica, histórica e inevitable del sistema de relaciones sociales capitalistas de producción a la decadencia, degradación y derrumbe final en la época neoliberal a pesar de una pretendida globalización.

Sin dejar de reconocer el ánimo que inyectan todas las concepciones más bien religiosas por su alto contenido moral y su visión que hace del futuro una utopía realizable -cuando menos como idea que se transfiere al más allá-, el presente trabajo trata de presentar un examen objetivo y material de los *"cimientos"* de esta realidad y de sus perspectivas en el corto y el largo plazo.

Partimos de una totalidad pensada, de las características comunes o generales que nos permitan definir la parte de esa totalidad que entraña el sustento de una crítica de esta totalidad de la sociedad actual y el elemento esencial que nos permite

---

abre a nuestro entendimiento. Tal es el grado de muerte que pueden adquirir las manos de un hombre que cree saberlo todo, sin tener siquiera la voluntad de hacerlo.

[4] Y sin que por ello rechacemos a quienes asumen opiniones o consignas, pues al fin y al cabo todos alguna vez en la vida lo hacemos, me permito hacer una crítica a la anticrítica, pretendiendo con esto, penetrar en el terreno científico y abandonar el especulativo.

entender la lógica en que evoluciona: **la economía política.** Permanentemente desde 2008, las bolsas de valores del mundo sufren los estragos de una larga borrachera ideológica que no les permitió a los intelectuales del sistema relacionar los escandalosos efectos de la especulación financiera "global".

En diciembre de 1994 el "efecto tequila" inauguro una volatilidad bursátil mundial que se mantiene hasta el 2012. El 10 de abril de 1997 inició la contracción del Nikkei sobre un lento y dramático colapso de la economía real japonesa. Siendo este país el motor tecnológico de la economía mundial, era lógico esperar el estancamiento de las economías centrales. La explotación de la fuerza de trabajo o "productividad" -como quieras llamarla según tu posición de clase -, era obvio que había llegado a uno de sus límites históricos. Después de un largo ciclo de crecimiento de la economía estadounidense desde los años 70, más allá de la Internet, parece ser que el capitalismo mundial no encuentra nuevas fuerzas productivas suficientes que abaraten los procesos productivos y restauren la tasa de ganancia de los grandes capitales[5] de las corporaciones trasnacionales. De hecho, los mecanismos financieros basados en la manipulación de tipos de cambio y tasas de interés han servido para expropiar países enteros y amenaza con destruir la planta productiva mundial en aras de mantener el "equilibrio macroeconómico global" basado en el dólar como moneda internacional.

El gran incremento a la composición orgánica de capital, su centralización y concentración a escala global, han incrementado los costos del consumo financiero, estos costos vienen tomando el lugar de otros necesarios para mantener en buenas condiciones

---

[5] En septiembre de 2002 se estima que la inversión en las economías centrales ha caído en más de un 50%. De ser así, el sistema debía duplicar la inversión del último año para decir que se ha sorteado la crisis…

la infraestructura productiva real. Paradójicamente, el avance tecnológico hace caducas las leyes de propiedad y las posibilidades de socialización de la información y el conocimiento son extraordinarias –"redes sociales"-. Las fuerzas de la reacción se aprestan al uso de la policía fiscal y el control de la libertad de expresión para intentar contener este fenómeno previsto por el *manifiesto comunista* en su famosa frase: *"Cuando el desarrollo de las fuerzas productivas entra en contradicción con las relaciones sociales de producción, entramos a una fase de revolución social".*

El método adecuado nos permite encontrar el objeto concreto que nos permita el análisis de la situación del todo. El resultado de dicho análisis nos dio el nombre para el libro que tiene el lector en sus manos. Cuando hablamos de Colapso y por tanto de DERRUMBE no es porque suponemos, sino porque en los hechos la zanahoria ideológica de la excelencia y la calidad han quedado, no bajo las ruinas de las torres gemelas, sino bajo las ruinas de Enron, WorldCom y demás empresas representativas de la hipocresía, la mentira, la corrupción y la delincuencia de los ejecutivos "globales" representantes de la "nueva economía" y de la "contabilidad creativa".

Hablamos de derrumbe ante los desastres sociales provocados por el dogma de la economía neoliberal y burguesa.

Hablamos de derrumbe por los límites que muestra la misma enseñanza de la economía política en las universidades de "excelencia y calidad" en el mundo.

No solo eso…

Hablamos de derrumbe aún y cuando incluso marxistas y "marxólogos" dan por muerto el debate sobre los límites de capitalismo.

Aún y cuando muchos pensadores de mediana o corta estatura se atreven a enterrar el "Imperialismo…" de Lenin o la consigna "socialismo o barbarie" de Rosa Luxemburgo.

CAPÍTULO I. EL MÉTODO Y EL OBJETO DE LA TESIS

I.I Teoría del Conocimiento y Economía.

I.I.I El proceso del conocimiento.

EL PROBLEMA MÁS IMPORTANTE QUE SE PRESENTA AL ELABORAR una tesis es el de la conceptualización y aplicación del método. No hubiera considerado tocar en la introducción este tema como un apartado, si no fuera por las implicaciones que el método tiene sobre los resultados; máxime si el discurso científico actual, y sobre todo en el terreno de las ciencias sociales, se encuentra encasillado en una serie de ambigüedades e inexactitudes conceptuales, y tan imbuido de lugares comunes. En todo caso, muchos científicos sociales hoy en día no han sobrepasado el viejo debate entre objetividad y subjetividad del conocimiento[6], ni la discusión entre las diferencias de la forma en que se presentan los fenómenos sociales y su lógica interna no perceptible a simple vista. Desconocen la objetividad de los diferentes intereses y marcos culturales que mueven al investigador proclamando la supremacía de su subjetividad, negando las condiciones materiales y objetivas en que se desarrollan los intereses privados específicos.

Tomando como ejemplo el campo de la Economía, pareciera ser que en el plano metodológico muchos investigadores se han

---

[6] Ideólogos como Bertrand Rusell todavía ponen en duda la objetividad del conocimiento.

quedado en la lectura que hace Milton Friedman del positivismo[7], o en la estática del modelo del "tipo ideal" de la escuela Webberiana. Pocos son los que rompen la barrera enajenante que impone el cuerpo conceptual positivista y cabría decir que muchas veces los investigadores obtienen más o menos resultados sin tener conciencia del método, siguiendo la lógica preestablecida que se adquiere de la forma especial en que se aprenden los conocimientos en la escuela occidental, siguiendo la línea de producción de la industria del conocimiento "pertinente" de corto plazo.

Cada investigador, puede más o menos considerarse del equipo de los positivistas, ecléctico, crítico o de plano cumple con su trabajo sin complicarse la vida y se convierte en un técnico especializado de alguna rama de la economía o de cualquier otra ciencia social sucumbiendo por supuesto ante la superestructura ideológica del sistema. Pero cuando uno decide definir su trabajo con objetividad no basta con pretender que se es objetivo, es necesaria una definición metodológica adecuada. En consecuencia, resulta necesario pasar a la eliminación de contradicciones teórico-metodológicas y buscar una aplicación consecuente de un método riguroso y responsable.

Para iniciar nuestra ubicación metodológica partiremos del reconocimiento de que el conocimiento es un hecho práctico, social e histórico. Ahí donde se da y se comprueba el fenómeno del conocimiento es en la práctica cotidiana -dicho de otra manera, el conocimiento coincide con la práctica y el lugar social e histórico del individuo, con su *Praxis*.

Partamos de algunas generalidades de la teoría del conocimiento que nos permiten como investigadores una ubicación en el proceso del conocer, es decir, un lugar en la totalidad del proceso

---

[7] Lectura que analizaremos adelante.

mediante el cual el individuo crea conceptos con el fin de entender la realidad: A este individuo, el cual conoce, lo conceptualizamos como **Sujeto** y forma parte de la **Totalidad** real encontrándose al frente como investigador y dentro de ella como parte de la misma. Llamaremos **Objeto** a todo lo que puede ser conocido por el Sujeto. El Sujeto *conoce* o intenta conocer al Objeto, crea un tercer elemento que le permita aprehender la realidad, crea ***Conceptos***. No aprehende al objeto directamente, no nace el individuo con el conocimiento de los objetos, no "come" la realidad: existen las mediaciones: a) las determinaciones mutuas entre el sujeto y el objeto - hecho que nos interesa para lograr la delimitación de nuestra posibilidades de conocer - y b) del Concepto y este Objeto, - si consideramos que el Sujeto está determinado por la realidad material externa en última instancia o dicho en otras palabras, el Sujeto no podría existir sin el universo material que lo crea y lo acoge: si somos Materialistas por principio de conocimiento -.

La realidad se presenta en principio como un caos de Objetos o elementos y para facilitar el conocimiento de la misma creamos –el Sujeto crea- Conceptos, es decir, parcializamos la realidad y la separamos en diferentes elementos objetivos a distintos niveles, que van de este caos general inmediato a las particularidades con la intención de descubrir sus interrelaciones y formar definiciones.

De estas particularidades en proceso de organización en la conciencia del Sujeto se pretende que el conocimiento se alce nuevamente a una generalización organizada de acuerdo a sus interrelaciones e interacciones y leyes; generalización que requiere de su constante reformulación de acuerdo al descubrimiento de nuevos objetos del conocimiento particulares muchas veces producto de las transformaciones del objeto.

Si de principio aceptamos la idea y reconocemos el movimiento constante de la realidad, las leyes descubiertas en la investigación no pueden tener validez general y eterna, las leyes de la sociedad también adquieren grados de generalidad (géneros, categorías, conceptos) de acuerdo a su posición histórica y necesidad, es decir, hay una relatividad histórica[8] del conocimiento, sin descartar similitudes conceptuales en diferentes épocas culturales y en las diferentes regiones del planeta, es decir reconociendo la existencia de diferentes rangos temporales de validez del conocimiento.

Ahora bien, para iniciar con los fines pedagógicos expuestos, esta "disección" de la Totalidad, debemos diferenciar los tres grandes niveles en que se puede presentar el hecho del conocimiento:

a) La realidad física o natural,

b) La realidad social y

c) la realidad psíquica del individuo;

Todas ellas a su vez se dividen en diferentes subniveles y ciencias interrelacionadas.

---

[8] Podemos señalar que infinidad de científicos modernos dejan sus investigaciones en el nivel de una especialización en algún objeto de estudio particular sin tener la oportunidad de concebir o sin interesarse por sistematizar alguna concepción general del mundo; en forma implícita quedando esta generalización determinada por el tipo de conocimiento adquirido en el campo de estudio, parcializando su conocimiento sobre la Totalidad. La contradicción más relevante de muchos investigadores se presenta en diferentes momentos de acuerdo 1) al nivel de integración y coherencia del método aplicado y 2) al nivel práctico y de participación del investigador sobre el desarrollo y las transformaciones sufridas por el objeto. De tal suerte que la concepción del mundo por parte del individuo la ve desde su particular "punto de vista" que puede adquirir diferentes "prismas": el del especialista en finanzas, el psicólogo, el químico, el contador, el administrador, el doctor, el comerciante, la secretaria, el guerrero, el sacerdote, etc., sin llegar a establecer las relaciones e interacciones de los mismos elementos precisamente ahí donde su "prisma" se torna metafísico y acabado; curiosamente coincidente con su ignorancia práctica de la realidad que pretende explicar negando el grado de generalidad de leyes que rigen en una época de determinantes específicos.

Podemos distinguir ahora el ámbito las ciencias de la naturaleza, del de las ciencias sociales y, a su vez, estas del de las ciencias de la conducta no porque sean objetos separados, sino por la posición particular y el nivel de relación existente del Sujeto ante su Objeto de estudio. Todos estos niveles de la realidad al relacionarse tienen influencias unas sobre las otras, siendo unas influencias más determinantes que otras, generándose así una necesidad de conceptualizaciones diferenciadas que reflejen esa complejidad de las determinaciones entre elementos y niveles de la realidad.

Indiscutiblemente, en los tres niveles, el Sujeto forma parte del Objeto de estudio, determinándose mutuamente, no siendo igual la relación y determinación Objeto-Sujeto-Objeto en cada nivel. Por esta razón, sobre todo si hablamos de ciencias sociales, la ubicación social del Sujeto, o lo que es lo mismo, la ubicación del individuo en la estructura social, es la definición de una relación indispensable para definir la objetividad del investigador[9].

I.I.II Algunas consideraciones sobre el método.

Hasta aquí, hemos reconocido la ubicación de los tres elementos del proceso de conocimiento, sus relaciones e interrelaciones y sus diferentes niveles con respecto al análisis de la totalidad[10].

---

[9] Igual debemos identificar la ubicación del sujeto en la Naturaleza cuando se estudian ciencias naturales y la ubicación del sujeto en el plano de la "psique" en las ciencias que se encargan de estudiar a la mente humana.

[10] Otro elemento importante a considerar en este proceso de crear conceptos, es el de su propio problema particular, donde la terminología se caracteriza por suplantar los contenidos de los conceptos, creando una confusión evidente entre el significado real y el pretendido por los científicos; cuando los conceptos adquieren vida propia por encima de la realidad concreta y se convierten en ideología. Tal es el papel del derecho, la religión y la política; y de esta forma, tomando como ejemplo la economía, los términos utilidad,

La preponderancia del lenguaje sobre el Concepto es el reflejo cultural de las relaciones sociales cotidianas, lo cual confunde la importancia de este último como vehículo del conocimiento. No cabe duda que el manejo del lenguaje y la poca rigurosidad de conceptos puede generar ambigüedad. Es decir, en el proceso del conocimiento no se trata de inventar nuevas palabras, o de tomar como esencia a las palabras en las que se expresan o de considerar que las nuevas palabras son nuevos conceptos. Lo importante en todo caso para el conocimiento es el significado y contenido general definido universalmente de la palabra y no la forma en que se escriben o la forma particular que adquiere una segunda forma sensual del entendimiento al utilizarse en tal o cual disciplina[11].

beneficio, equilibrio, valor, precio, inflación, consumo, inversión, trabajo, capital, etc., pasan a ser simples palabras para especialistas que solo tienen un significado particular para la ciencia que las utiliza, pero que pueden tener otra acepción muy diferente en otros ámbitos. Se convierten así en un código especializado para iniciados y dejan de ser, incluso, conceptos; se convierten en una ideología vulgar y sin fundamento.

[11] La utilización anárquica de palabras no es más que confusión o el deseo de crear confusión. Esto sucede mucho en las ciencias sociales modernas, sucede precisamente como si los nuevos científicos no incorporarán a su formación un mínimo aprendizaje histórico de la filosofía y la metodología, de la historia del poder. Como si de nada hubiera servido el conocimiento de la filosofía griega o la del renacimiento, como si las experiencias de los hombres no tuvieran tras de sí toda una sistematización que es importante rescatar para entender las circunstancias actuales; como si el monopolio de la verdad lo dejáramos en manos de modernos "sofistas" que se regodean leyéndose a sí mismos y a los que coinciden con ellos y que consideran que la ignorancia de los demás justifica la menor ignorancia propia; estar así en una especie de espejo donde posterior a la aplicación de un término hay que hacer extensa una explicación del mismo sin llegar nunca a clarificarse porque dichos "conocimientos" no están lo suficientemente fundamentados e investigados...

"En el lenguaje cada palabra tiene un sentido, o sea un contenido. En la mayoría de los casos, se emplea la palabra sin que el contenido esté plenamente presente y explícito. Y el contenido de ciertas palabras de uso muy común (Democracia, estado, nación, conciencia, humano, etc.) se revela a la vez tan confuso y tan rico que su explicación parece desanimar a la mayoría de los especialistas de estas investigaciones, hasta que llegan hombres especialmente lúcidos y atrevidos que se enfrentan con los problemas teóricos implicados en estos términos. Hasta ese momento se les utiliza sin demasiadas precau-

No debemos olvidar que las palabras surgen de un contexto cultural dado y que un concepto pretende ser universal.

La utilización de palabras que pretenden ser conceptos y que se muestran poco rigurosas en cuanto al intento que hacen por representar la realidad, permiten el grado de enajenación suficiente como para ignorar contradicciones flagrantes de la realidad. Lo peor es que poco a poco se degrada al grado de que los nuevos sabios toman a la realidad formal como realidad concreta sin siquiera atender las necesidades del concepto – al parecer, esto les da el derecho de equivocarse en cada predicción sin rendir cuentas a la verdad.

Los métodos generales de las ciencias sociales -si es que podemos conceptualizarlos como métodos-, podemos agruparlos en dos grandes tendencias y tres diferentes actitudes de los investigadores. Un grupo de escuelas que buscan la afirmación de lo existente, los partidarios del "ser" de la sociedad burguesa[12], los que buscan

---

ciones y el carácter de su significado sirve a muchas empresas - políticas, ideológicas, filosóficas - altamente discutibles. Muy cerca del límite se encuentra el *pensamiento simbólico*. En el pensamiento simbólico, las palabras se manipulan como si fueran simples signos, sin preocuparse por su sentido, según reglas establecidas: las de la gramática general o las de una gramática especial. Este uso permite que mucha gente discurra, forme frases correctas, sin saber siquiera de lo que está hablando. El pensamiento simbólico es el de los charlatanes, el de cierto número de alienados. Por otra parte, todo pensamiento resulta, en cierto sentido, necesariamente simbólico; si hubiera de recuperar todo el sentido de las palabras en el momento en que se las emplea, el esfuerzo de reflexión impediría la expresión y la palabra hasta que finalizara una investigación que sería ilimitada. La gramática, el pensamiento simbólico, tienen pues, un aspecto positivo, un uso necesario, aunque limitado; y un aspecto negativo disolvente, cuando se les toma al margen del contenido.

La lógica formal puede considerarse también como uno de los sistemas de reducción del contenido, por el cual entendimiento llega a *formas* sin contenido, a formas puras y rigurosas, en las que el pensamiento sólo tiene que ver consigo mismo, es decir con *nada* sustancial." Lefebre, Henri. *"Lógica formal, lógica dialéctica"*. Siglo XXI. 15a, Edición. pág. 150

[12] Hablamos de "burguesía" en su riguroso contenido, la especificación de la clase dominante en un esquema de relaciones sociales de producción dado en la sociedad en un periodo histórico específico.

dar respuestas "positivamente", negando cualquier posibilidad al "no ser", desconociendo las contradicciones fundamentales de la sociedad moderna.

Por otra parte, los hay también quienes partiendo de una posición humanista y objetiva fijan su atención en las contradicciones e intentan transformar completamente el sistema. Hablando en términos estrictamente rigurosos dentro del primer grupo se encuentran estructuralistas, monetaristas, ofertistas, neoclásicos, institucionalistas, neokeynesianos, clásicos, etc.; todos ellos con diferentes grados de objetividad y buen juicio, pero circunscritos al sistema, lo que no les impide presentir las grandes contradicciones y declararse rebasados por la realidad o de abrogarse el derecho de cambiar de opinión si así lo requiere lo práctico[13]. En su origen, en la idea de esta tesis se pretendía utilizar conceptos clásicos de la teoría marginal por las coincidencias encontradas con los conceptos de la crítica de la economía política. No es posible. La teoría marginal es de un bagaje conceptual sumamente general y no admite discusión fuera de sus propios límites objetivos, por tanto, se nos presenta como unidad aislada de otros aspectos de la misma realidad social. Es aquí donde la terminología, por su carácter limitado solo a un Objeto, *toma el lugar de la Totalidad que pretende explicar. El economicismo que hoy más bien parece crematística.*

En todo caso me pareció importante tratar las similitudes encontradas en los llamados "paradigmas" de la teoría económica, hacer una comparación conceptual entre el marginalismo, el keynesianismo y la crítica de la economía política para ubicar

---

[13] Michel Camdessus, presidente del BM y líder del monetarismo mundial, en sus declaraciones a la prensa tras el fracaso económico de Corea, califica a las ideas como trapos que sirven para limpiar y que cuando son viejos, uno puede tirarlos para tomar uno nuevo.

precisamente estas trampas del lenguaje y facilitar la comprensión de los conceptos de la crítica de la economía política. Asimismo, me pareció importante hacer un reconocimiento a la contribución que hace la economía moderna para entender la realidad actual, señalando sus limitaciones y la confusión y enajenación que provoca[14] en los términos como se encuentra planteada.

[14] Por ejemplo: El término equilibrio, quedando al centro del análisis económico, tal y como lo demuestra la realidad, deja fuera del interés analítico todo aquello que no contribuya al equilibrio; la gravedad del discurso radica en que se obvia el contenido de lo que debiera ser un concepto y de esta manera se evita la discusión y no se específica que este equilibrio se refiere a la reproducción de las condiciones para que siga funcionando *el sistema*; el sistema económico se refiere de hecho, exclusivamente a su ciclo de reproducción y ampliación; y que si al sistema lo pone en peligro la inversión en educación o en salud, o no puede incluir a 40 millones de personas, esto no importa al análisis económico. En este ejemplo, tal como lo habíamos señalado más arriba, el concepto de equilibrio se torna metafísico, se mantiene igual a sí mismo en términos matemáticos, no importando sus consecuencias en la sociedad, en su cultura y su nivel de vida. Y podríamos hacer consideraciones iguales para los términos beneficio o utilidad, donde no se específica para quien; suponiendo a la sociedad en su conjunto como beneficiaria, dejando de lado que las utilidades son mayores para las grandes corporaciones y que la gran mayoría no obtiene *utilidades*. ¿No es este un ejemplo de la alevosía con que los dueños del capital consideran miembros de la sociedad solo a aquellos que les permiten obtener un beneficio, emplear sus máquinas, lograr el equilibrio en sus cuentas? La contradicción del discurso teórico es tan evidente como la argumentación de Platón sobre la esencia de la realidad en su mito del *Topus Uranus*, donde para ejemplificar que la realidad se encontraba en las ideas y no en la realidad material utiliza precisamente a la realidad para explicar que la realidad no son las sombras que se proyectan en la cueva, sino la realidad misma. Para él la realidad inmediata era una sombra y las ideas la realidad; lo contradictorio es que la única imagen que pudo ayudarle a ejemplificar su teoría no provino de una idea, sino de la realidad misma. Así los nuevos científicos sociales ejemplifican sus teorías con "sombras" mientras aseguran que la realidad material es como una sombra que no nos permite ver la realidad.

I.II.III *La ciencia del Derecho, la política*
- política y la Economía política

Un investigador idealista como lo era Marx en su juventud, creyente de la verdad y la justicia[15], habría de chocar con sus convicciones cuando como abogado - según se confirma en sus artículos sobre los castigos impuestos a campesinos que robaban leña para sobrevivir - se vio imposibilitado ante la ley, para defender a los miserables de la propiedad privada; entonces se dio completamente a la búsqueda de una explicación coherente a las contradicciones de la aplicación del derecho, lo que lo llevó finalmente a entregar toda su vida para escribir EL CAPITAL. Una herramienta conceptual desde la posición social del proletario para que este se pueda explicar de forma científica la situación en que vive como clase social y como individuo.

En los tiempos modernos no es tan difícil llegar a una conclusión como a la que llega Marx hace más de ciento cincuenta años; la sociedad avanza e implícitamente reconoce que el punto medular del progreso humano se da en el tipo de relaciones sociales que se establecen para distribuir la riqueza y asegurar su reproducción. *Fundamentalmente, estas relaciones sociales - se ha descubierto en la sociedad moderna - son económicas, políticas y legales, y siempre de acuerdo a los intereses de los propietarios; y en el modo social de producción actual estas se basan en el poder económico, político y legal de los propietarios del gran capital. En este caso el sistema de la gran propiedad privada niega con relativa proporcionalidad inversa la propiedad social de los bienes materiales,*

---

[15] Para sustentar la anterior afirmación lea la <u>*Carta al Padre*</u> y <u>*Las considera-ciones de un joven al elegir su carrera*</u>, escritas por el joven Marx durante sus estudios de preparatoria. En *Obras Fundamentales* de Marx y Engels, Libro *Los Fundamentos*, Tomos I y II de la Editorial Fondo de Cultura Económica.

llegando incluso a la destrucción de los mismos en aras de sostener el sistema. Pero es precisamente lo que queda fuera de la cotidianeidad lo que queda fuera de la comprensión, la probabilidad de la caída de la Totalidad del sistema parece muy pequeña y de horizonte muy lejano, convicciones que no nos permiten franquear la barrera de nuestro conocimiento.

Es por ello que un sistema de relaciones sociales después de llegar a su estado de madurez se resiste a su transformación positiva, forzando la necesidad de la negación violenta del sistema.

Las ciencias del Derecho, la Política y la Economía nos permiten entender con más o menos objetividad la madeja de intereses que gobiernan e imponen "democráticamente" condiciones a nuestras vidas sin que podamos hacer mucho por evitarlo. "Megapoderes" y "Megabeneficios" de unos cuantos dominan no solo la existencia material del individuo, se incrustan en su sistema de valores y lo educan y moldean psicológicamente de acuerdo a sus intereses, deshumanizándolo y orillándolo a una lógica autodestructiva e indiferente ante la muerte más irracional.

La resistencia inconsciente a dicha tendencia se manifiesta claramente en el creciente número de suicidios, en los conflictos religiosos y nacionalistas. La crisis económica y política moldea las conciencias y les oculta la muerte masiva ante la desesperación por lograr la sobrevivencia. La muerte violenta es considerada como determinada por fuerzas sobrenaturales. Así, por ejemplo, el "Terrorismo" se explica de forma simplista de parte del imperio norteamericano como la acción de fuerzas "malignas" que quieren violar la pureza yanqui.

La conciencia de simple mortal carga con la idea de que de nada sirve actuar, que si cometes la blasfemia de indignarte... el infierno, la penuria, la cárcel, la muerte o el manicomio te esperan. El castigo del Dios del equilibrio macroeconómico es terrible. El absolutismo de la economía o, mejor dicho, concebir a la economía en forma aislada y como determinante -de tal forma en que se caiga en el mecanicismo metafísico-, ensombrece la totalidad del problema. Concebir el mundo desde la perspectiva única de los intereses económicos "globales", sin dilucidar los intereses particulares de las trasnacionales y los de la sociedad, es el centro cultural que se impone como "realista". Las cifras y explicaciones de los modernos economistas y matemáticos, políticos y abogados son irrefutables.

En estas circunstancias, el Derecho y su justicia concebidas en el ideario de la sociedad como la síntesis de las relaciones entre los hombres se ha convertido en el mayor fracaso de la ciencia occidental. Nada puede hacer el derecho internacional contra el imperialismo, nada el derecho del pobre contra los intereses del rico a menos que otro rico esté interesado en debilitarlo. Ya Marx en su *Crítica del Derecho de Hegel* había demostrado como al fundamentarse éste -el derecho- en los principios, mecanismos y lógica del sistema económico encerraba contradicciones ineludibles; que el mundo utópico de la legalidad pura no podría ser aplicable ante las crecientes fuerzas económicas y políticas[16]. Es verdad que el Derecho ganado por la conciencia sustenta un ideal que se constituye en un proyecto nacional, pero es más cierto que los intereses privados hacen fracasar los proyectos constitucionales.

Por otro lado, en el caso del papel que juega la ciencia política; los diferentes grupos moviéndose bajo la lógica del poder, buscan una alianza estratégica con el poder económico, constituyéndose este último en el poder real que eventualmente se ve obligado a

---

[16] Nosotros coincidimos en cuanto al Derecho como espíritu – si es que así se le debe de llamar - de la sociedad actual, y existe nuestra convicción en el Derecho como máximo descubrimiento de civilización, sin embargo, sepultar su crítica es sepultar su propia esencia y asegurar el fracaso de Marx, es aceptar el fracaso del pensamiento occidental.

negociar con otras expresiones e intereses económicos concretos; lo cual se puede estudiar bajo el "paradigma" de la teoría de juegos.

El politólogo pasa a ser así un triste propagandista de un sistema que no entiende cuando enfila sus capacidades a especular sobre las posibilidades de ocupar espacios y no cuenta con una explicación clara de la lucha entre los diferentes intereses económicos, entre diferentes clases sociales. No podríamos negar que esa búsqueda de espacios puede fomentar relaciones con los que tienen el poder económico o dar más elementos para combatirlos en un proceso de formación continua de diferentes correlaciones de fuerzas sociales coyunturales, pero esto es claro siempre y cuando no se pierda el objetivo radicalmente transformador de la política. El politólogo que deja de lado lo anterior y que olvida las "líneas de transmisión" del sistema no puede entender los límites de su lucha política. Su discurso "realista" cae en la cháchara metafísica -muy bien pagada, por cierto.

Los economistas se alzan por sobre los demás, predicadores, amos de las ideas de modernidad, "sofistas" del segundo milenio después de Cristo, "gurúes", modernos profetas del papel moneda y el crédito de plástico, ven con desdén a quienes no pueden entender las restricciones que impone a la vida humana el sistema económico. Los matemáticos por su parte han hecho de la realidad social un sistema de ecuaciones complejo en franca contradicción con el principio de que las matemáticas deben servir para simplificar el conocimiento del universo, no para hacerlo más complejo al entendimiento.

Partiendo de la realidad concreta tal y como se le presentaba en una flagrante contradicción, Marx intuyó que sobre el derecho estaba el poder económico privado; descubrió que el poder político y el conocimiento matemático estaba supeditado al económico; aplicó el método filosófico de su maestro a su maestro y concluyó necesario estudiar la Economía Política; la estructura, la forma y la lógica en que se mueven los intereses económicos de las diferentes clases sociales; y se dio a la tarea de demostrar las debilidades del sistema y el carácter transitorio de la sociedad burguesa.

En sus investigaciones reconoció que para que el sistema pudiera seguir siendo igual a sí mismo en diferentes "ciclos" tendrían que existir por un lado individuos que fueran empresarios dueños del capital y por otro que existiera su contrario, individuos sin posesiones que se vieran obligados a vender su fuerza de trabajo. Para su reproducción bastaba con que se asegurara la existencia de ambos, pero la lógica de la empresa privada es el crecimiento de las posesiones del empresario privado: la acumulación. Y para lograrlo se requiere de la generación de un producto adicional que permite ese crecimiento[17].

Su gran conocimiento sobre la historia del conocimiento, producto del concienzudo estudio de las enseñanzas de Hegel le permitieron reconocer en esa historia de las ideas el reflejo de una historia real y concreta de la sociedad humana: La *lucha de clases y la acumulación de fuerzas productivas*. Sin embargo, la revolución francesa era muy reciente y las nuevas ideas de los socialistas, así como las rupturas históricas por él conocidas, así como las leyes de la lógica de Hegel y su concepto de *trabajo*, debían completar

---

[17] Y precisamente, la combinación del capital y trabajo dan como resultado un producto tercero que debe incluir entonces la posibilidad de esa tendencia al crecimiento: la *mercancía. Es pues en el análisis de la composición de valor de la mercancía donde podemos encontrar las bases de la sociedad moderna, no era ya como en Hegel la idea simple del derecho individual, sino una realidad material simple que reflejaba el tipo de relaciones sociales establecidas.* Por otro lado, la posibilidad de la existencia de un excedente no podría darse en un intercambio de mercancías de valor equivalente; lógicamente ningún productor cambiaría su producto por uno de menor valor, a menos que fuera por la fuerza; debía existir entonces una mercancía que reprodujera su valor y que creara un excedente: la mercancía *Fuerza de Trabajo, creadora de un excedente, materia viva creadora del concepto de la riqueza social - pues la riqueza no existe per-se independiente de las sociedades humanas -, creadora de plusvalor.*

su concepción sobre el desarrollo de la historia. Las revoluciones sociales debían cambiar el carácter de las relaciones sociales de producción y con ellas una nueva era de avance de las fuerzas productivas se abría, dando la posibilidad a la humanidad de mejorar sus condiciones de vida. Estas revoluciones se daban en el punto en que las fuerzas productivas acumuladas eran tantas que se requería de una nueva organización económico-social, ya que la anterior, agotada, era un freno para el desarrollo social.

Así entendida la lógica de la historia, la revolución social es pues una necesidad y no una utopía o fruto del voluntarismo -y más bien ese voluntarismo era el reflejo de condiciones sociales todavía no comprendidas a profundidad.

Este método para investigar utilizó Marx: De una contradicción concreta difusa, precientífica, se da a la tarea de construir una abstracción científica que se manifiesta en un resultado simple y concreto (la mercancía) que encierra las bases de ese objeto general de análisis (la sociedad capitalista). Ese tipo de sociedad no podía ser eterna si se reconocía que a lo largo de la historia la humanidad había experimentado diferentes formas de organización y estas correspondían con determinado avance de las fuerzas productivas. Había pues un límite concreto de la sociedad burguesa y una *tendencia al derrumbe.*

I.I.IV El método particular de la economía y la crítica de la economía política.

El positivismo, entendiéndolo filosóficamente, logró sistematizar con Max Webber un método que fundamenta a todas las demás escuelas de las ciencias sociales afines al sistema. Funcionalismo, estructuralismo, la Teoría de sistemas, la teoría clásica de la economía, etc., tienen en común la creación de un *Tipo Ideal* de sociedad el cual se pretende que existe con algunas desviaciones que deben corregirse para que el sistema funcione.

El tipo ideal de Webber o los supuestos del modelo de competencia perfecta, tienen como finalidad también el de reconocer la situación de los elementos, elementos que conforman la totalidad capitalista -tomada como única forma de vida válida-, y sus interrelaciones con la mayor "pureza" posible de acuerdo con la realidad. Pero estos consideran a la totalidad de la sociedad burguesa como inmutable e indestructible y cuando se transforma la realidad de tal forma que ya no funcione el modelo se cambian los supuestos, más no sus elementos, los cuales se obvian y se consideran, como decíamos, permanentes.

Este concepto del Tipo Ideal[18], planteándose con diferente terminología y variantes en algunos de los elementos internos del mismo para cada diferente escuela, puede ser la clave para entender las condiciones en que se intenta asegurar la reproducción del sistema... o por el contrario, puede identificar los límites del sistema al desarrollar y profundizar en el modelo. Precisamente, los grandes pensadores "burgueses" que entendieron lo anterior, se cuidaron de no propagar un descubrimiento escandaloso: ¡La tendencia al derrumbe del sistema! Por eso es además curioso encontrar que el modelo de competencia perfecta puede considerarse un símil del esquema de reproducción simple marxista. Y vamos ahora a hacer una revisión general de tal afirmación.

Debemos identificar que los modelos son abstracciones formales y, por tanto, tipos ideales y pseudo-concretos; sus conceptos son definiciones formales.

---

[18] Que sustituye a la abstracción marxista o, mejor dicho, hegeliana

Por el contrario, en El Capital se elaboran los conceptos en toda su amplitud formal y dialéctica, lo cual enriquece y hace más concreto al concepto (Pero, aun así, cuando la abstracción lograda por Marx no es aplicada a los hechos reales o se utiliza como en laboratorio, lejos de la práctica social, entonces esa abstracción, mucho más completa y rigurosa se convierte también en un formalismo, en ese plano se queda encerrada en las aulas universitarias cuidándose de no perder el empleo escaso).

A su vez cuando los economistas burgueses aplican sus conocimientos en forma tal que las interrelaciones conceptuales adquieren un contenido real en la estadística y a econometría, estos economistas pueden eventualmente rescatar valiosos conocimientos con respecto a las razones formales del proceso capitalista, aunque considerablemente débiles por su propia naturaleza conceptual. Al violar el formalismo lógico de los conceptos individualizados, forzados por las circunstancias, entran en un proceso dialéctico limitado desgraciadamente de principio por la superficialidad de su bagaje conceptual y por la imposibilidad teórica de concebir la transformación total del modelo y de su lógica[19] .

En los tiempos gloriosos de la ciencia económica, como el análisis clásico de la economía resultó a la larga tan peligroso para el sistema, los economistas pasaron del análisis de la producción, al análisis de su manifestación inmediata y enajenada, al análisis de la circulación de las mercancías, del mercado; hoy, sobre todo, del mercado de dinero. El nuevo estado burgués -el keynesianismo-, el cual reconocía en el conocimiento anterior una importante guía para la construcción de su sociedad, encontró que tal como lo hicieron los anteriores dueños del poder, ocultar ciertos aspectos,

---

[19] Al respecto, hay que señalar que la revolución keynesiana fue precisamente tan valiosa por la transformación total que hizo del modelo clásico marginalista.

en este caso de la teoría económica u obviarlos era imprescindible para mantenerse estable. De esta manera se detuvo el camino científico y se fue abriendo una brecha que amenaza con enajenar todo el conocimiento científico en aras de contener el incontenible curso de la historia.

En la actualidad estamos ante un empobrecimiento de la teoría. Con el neoliberalismo, en el afán de encontrar una nueva conceptualización volvemos al modelo rebasado por la realidad de los 20's. Y la vuelta al pasado amenaza con convertirse en una prepotente, vulgar y advenediza concepción simplista y represora del mundo y no en una nueva conceptualización con márgenes de maniobra para mantener la estabilidad mundial. Las teorías económicas de Ricardo, Shumpeter, Keynes y ahora los monetaristas y el espíritu de la teoría de los juegos son ejemplos de cómo el sistema crea posibilidades para seguir subsistiendo a costa de la sociedad y la naturaleza, a costa de la enajenación y deshumanización del individuo. De cómo se dan estas posibilidades; la explicación de ello, será nuestro intento por dilucidar en este trabajo. Para ello partiremos de algunas consideraciones históricas en las que aparecen las diferentes teorías económicas.

* Cuando entra en escena Keynes y su teoría, las condiciones del sistema eran claramente autodestructivas y el avance de las ideas socialistas y anticapitalistas impulsadas por la revolución bolchevique, la revolución mexicana y la revolución China, obligaron a los economistas a hacer concesiones a los trabajadores. Otra de las predicciones Marxistas se cumplía, la sobreacumulación de capital por la baja tasa de ganancia y el subconsumo pusieron en riesgo la existencia misma del capitalismo.

* En 1929, la crisis global del capitalismo obligó a los capitalistas a adoptar una nueva forma de organización de su sistema después

de que las libres fuerzas del mercado nada pudieron hacer para resolver el problema. Tuvo que haber drásticos cambios, dolorosos y angustiantes para los capitalistas; cambios estructurales e ideológicos que permitieron la redistribución del ingreso en favor del trabajo.

* La intervención estatal[20] planeando el crecimiento y haciendo movimientos de dinero con créditos que redituaban intereses a los capitalistas financieros, permitió la aparición de nuevos sectores del capital, nuevos empleos y nueva extracción de plusvalor; pero a costa de un déficit presupuestal que generó deuda impagable debido a la aplicación de recursos con el fin de expandir el consumo y permitir la acumulación, en buena parte ficticia, del capital. Es decir, se promovió en buena parte, la capitalización improductiva de la economía por medio de la deuda pública.

* Lo que podemos rastrear aquí sobre esta nueva lógica de acción del sistema, señalada anteriormente, es que el multiplicador Keynesiano juega el papel de justificante al crear directamente empresas que generaron demanda adicional para las empresas que no encontraban donde colocar su producción y para nuevas empresas que a su vez proveían al gobierno; redistribuyó recursos generando inflación, todo esto a su vez permitió una nueva veta para extraer excedentes a los nuevos empleados.

* Se crearon dos nuevas tendencias una hacia la extracción de mayores volúmenes de excedentes por la cantidad de trabajadores empleados nuevamente y la otra en sentido contrario, generando una deuda social impagable en la medida en que los recursos eran utilizados más como complemento de la demanda y no en actividades productivas.

---

[20] Como señaláramos anteriormente, el metafísico multiplicador keynesiano fue el argumento utilizado para justificar la intervención estatal.

* A pesar de que la revolución keynesiana se ve obligada a fundamentar su análisis en la formación del mercado de trabajo y a utilizar las unidades homogéneas de salario como base, nuevamente, el bagaje teórico de la jerga Keynesiana oculta las relaciones más íntimas que explican los *resortes y líneas de transmisión* del sistema capitalista, y precisamente esta ambigüedad de conceptos vuelve a tomar de sorpresa a los teóricos burgueses a finales de los 60's.

* Las necesidades del capitalismo global rebasaron la teoría keynesiana y el sistema se encuentra dentro de los márgenes de transformación donde se busca apropiarse de estos espacios, pero que se encuentra, al parecer por los últimos indicios, en el umbral de una crisis mayor a la de 1929.

* En este marco, entender las características que reúne el keynesianismo en los países subdesarrollados puede ayudarnos a entender la creación de grandes empresas estatales, competidoras a nivel internacional, que redujeron costos al capital, pero que dieron cierta independencia y autonomía a los "estados - nación" que pudieron fortalecer su mercado interno y su capital privado sobre esta base, aun considerando la gran transferencia de valor hacia los países desarrollados por medio del comercio internacional[21].

En el origen podemos decir que el modelo keynesiano demostró su limitación debido a que no rebaso los límites del sistema de valor capitalista. Con respecto al "nuevo" modelo neoliberal, que como decíamos vuelve al pragmatismo liberal y al estudio puro del mercado capitalista dejando de lado de creación de demanda adicional, podemos rescatar solamente la concepción

---

[21] Cabría señalar que este aspecto, de la intervención estatal nos puede aclarar la actual existencia de grandes cantidades de pequeñas empresas que generan empleo, sobre todo en los países dependientes; y que están desapareciendo bajo el neoliberalismo.

friedmaniana de una teoría monetaria que complemente la teoría de mercados[22], por otro lado, el cuerpo de la nueva teorización corresponde con este nuevo periodo en el cual el estado deja al capital privado *empresas nacionales que antes servían como mecanismo de redistribución del ingreso.*

Precisamente una de las contradicciones más flagrante del nuevo modelo es que por un lado la contabilidad real de la economía gringa sigue siendo keynesiana mientras las políticas económicas corresponden a una visión históricamente rebasada que lentamente va minando las bases del Estado Keynesiano sin existir una alternativa de contabilidad consecuente. Es esté uno de los peligros más grandes y al parecer no contemplados por la "moderna" ciencia económica.

Con ésta gran fractura, Milton Friedman define en la teoría económica actual, un método que pueda considerarse realmente científico por los positivistas. Un método que a nuestro juicio rehúye el contenido[23] o lógica del sistema de las relaciones sociales de producción capitalistas. Dice en su teoría:

"La economía positiva es, en principio, independiente de cualquier posición ética o cualesquiera juicios normativos. Como dice (Jhon Neville) Keynes, se refiere a 'lo que es', no a lo 'que debería ser'. Su tarea reside en suministrar un sistema de generalizaciones que pueda utilizarse para hacer predicciones correctas acerca de las consecuencias en cualquier cambio de las circunstancias. Su funcionamiento ha de ser juzgado por la precisión, alcance y conformidad de las predicciones que suministra en la experiencia. En resumen, la economía positiva es, o puede ser una ciencia 'objetiva' precisamente en el mismo sentido que cualquiera de las

---

[22] Friedman, Milton. En: *Lecturas de Política Económica.* ECP-DEP-UNAM, 1982. Tomado de: *Ensayos Sobre Economía Positiva.* Gredos, 1967.
[23] Pasaremos a su revisión en el transcurso de este capítulo.

ciencias físicas. Naturalmente, el hecho de que la economía trate de las interrelaciones de los seres humanos y que el investigador formé el mismo parte de la materia sujeto que se está investigando, en un sentido más íntimo que en las ciencias físicas, da origen a dificultades especiales en la tarea de alcanzar la objetividad, al mismo tiempo que dota al científico social con una clase de datos no disponibles para el estudioso de las ciencias físicas[24]. Pero ni lo uno ni lo otro constituye, en mi opinión, una distinción fundamental entre los dos grupos de ciencias"[25].

En este párrafo se vislumbra lo que hoy se vive en el mundo capitalista. Efectivamente, la seguridad de que el sistema se reproduzca tiene que ser tal, que *ninguna medida de política económica debe regirse por criterios de valor, pues estos ponen en peligro la existencia misma del sistema de precios regidos por el dólar.* Logrando convencer de la necesidad de este criterio quedarán atrás las intentonas por distribuir el ingreso. Pero, en la actualidad, ésta no es una actitud maquiavélica, es la necesidad más lógica de un sistema que llegó a su límite en 1929, al cual tuvieron que introducir medidas "socialistas" de distribución del ingreso, cuando ya se había probado empíricamente y en forma positiva, que las guerras podrían crear condiciones para la reproducción del sistema y que estas no fueron suficientes.

Según lo sustentamos en la presente tesis con datos y análisis de aquellos años[26], para 1971, el capitalismo arribaba al agotamiento del modelo que ahora los monetaristas tratan de salvar cumpliéndose algunas de las predicciones del marxismo: la tendencia a la pauperización de los trabajadores, el ensanchamiento

---

[24] ¿Desde cuándo dominamos el universo? ¿cuándo se terminaron los misterios para la sapiencia humana?

[25] Friedman, Milton. Ibid. p. 82

[26] La tasa de inversión en 1970 es de alrededor del 11%, cuando en 1929 era de más del 21% y para 1996 fue de 16%.

de la contradicción entre el desarrollo de las fuerzas productivas y las relaciones sociales de producción establecidas. Al analizar la ciencia económica burguesa la enajenación es clara; el crecimiento al infinito del PIB, la reproducción del sistema es un fin en sí mismo; no importando el progreso de la sociedad y ocultando la lenta devastación de la humanidad.

Reconociendo el método positivo, no podemos acusar de falsedades a las premisas metodológicas del positivismo, su objetivo es claro y podemos verificar entonces que las diferencias con el método crítico es parecido en su forma pero con una diferencia fundamental: Mientras el positivismo busca reafirmar lo existente, cayendo en la metafísica y el idealismo, la crítica debe entonces encontrar aquellas contradicciones que forman parte de lo existente para identificar sus límites y tendencias, la lógica de su funcionamiento, sus leyes generales de desarrollo y sus consecuencias sociales para construir una alternativa de progreso, un orden social superior que combine los avances de la sociedad que se destruye con una nueva forma digna de vivir.

Efectivamente, muchas de las criticas monetaristas al modelo keynesiano son fundamentales, y Marx, quien siempre se mostró preocupado por la influencia de la circulación monetaria en las relaciones de valor y desviaciones del precio con respecto al valor de cambio, sólo dejó algunos señalamientos en sus esquemas que pueden servirnos para caracterizar esta nueva etapa y problemáticas del sistema capitalista actual.

La crítica de las relaciones sociales de producción elaborada por Carlos Marx, basada en un profundo conocimiento de la historia, la filosofía, la política, el derecho y la economía de aquellos tiempos, es el descubrimiento de todo un cuerpo conceptual que da a los hombres la posibilidad de concebir y construir nuevas relaciones sociales partiendo de los fenómenos concretos que se manifiestan en la realidad inmediata. Marx logró construir en su obra "EL CAPITAL" una abstracción de lo que **sería** un **sistema capitalista** "puro", -lo que se puede llamar un "tipo ideal", pero con la particularidad de que conoce de los aspectos negativos del sistema- analizó y conceptualizó exhaustivamente cada uno de los elementos simples y generales tomándolos de la realidad.

Al descubrir sus relaciones y utilizando la lógica dialéctica, la cual reconoce a la Totalidad como la interrelación de elementos positivos y negativos, obtuvo como resultado de las raíces y desarrollo de la realidad anterior, nuevos fenómenos que seguirían desarrollándose y sucesivamente, extendiéndose hasta sus últimas posibilidades, definiendo así sus límites, resaltando contradicciones e identificando la contradicción fundamental, la más general que expresa la imposibilidad de la existencia eterna del sistema aún en su naturaleza más pura. Esta abstracción, la del capitalismo puro, caracterizada en la circulación del dinero adelantado por el capitalista quien espera al final del ciclo ese mismo capital más un excedente, sería la base para entender y destruir la vieja sociedad y construir la nueva, daría la posibilidad de cambiar las situaciones concretas sin esperar al derrumbe total de la civilización. La aplicación de su método, viable en diferentes niveles de abstracción, hace de su teoría una teoría científica, un método. Un método así concebido encuentra *la diversidad de la unidad y la unidad en la diversidad,* es decir: Marx encontró que la totalidad del sistema capitalista podría analizarse partiendo del elemento más sencillo producto de ese mismo sistema.

La abstracción en la obra, *"El Capital"*, si bien puede compararse con el tipo ideal Webberiano o con los modelos utilizados por la economía, no puede tener la misma significación de principio. Y no es posible porque para profundizar más allá de los límites impuestos por el sistema hay que estar dispuesto a romper esquemas y los modelos de equilibrio no puede ir más allá del esquema total. Hegel, considerado por él como su guía para llegar a la verdad, había concebido al Derecho como la síntesis en la cual se podría construir la nueva sociedad. La ciencia que teóricamente lograría los objetivos de libertad, fraternidad e igualdad: el Derecho, se concebía como el espacio donde se igualarían las oportunidades y la base en la cual se terminaría la prehistoria de la humanidad[27], era la fe en el derecho lo que eventualmente podría poco a poco reconstruir los viejos sueños y prácticas esenias de vivir en comunidad y convivir con la sabiduría. Había pues una contradicción fundamental entre la concepción del mundo del filósofo considerado como el más avanzado en aquella época y la realidad social a la cual se enfrentó Marx.

En fin, que después de observar las herramientas metodológicas de las dos tendencias contradictorias fincadas en la base de la teoría económica, podemos establecer sus similitudes conceptuales...

1. Se reconoce que ninguna de las dos abstracciones -**ni el esquema de reproducción simple de Marx, ni el modelo de libre mercado y su equilibrio por medio de la mano invisible**- se presenta en la realidad como tal. Es decir, la abstracción o modelo es sólo una herramienta que nos permite analizar los procesos económicos.

2. En el esquema de Marx se plantea el "equilibrio" entre el valor del capital variable y el plusvalor del sector productivo de medios de producción con el valor de la materia

---

[27] Los novísimos pensadores burgueses, como Francis Fukuyama (irónicamente descendiente o mezcla de dos grandes potencias y culturas imperialistas) ahora cuando mucho atinan a llamar *fin de la historia* a la etapa actual, no conciben una salida a su esquema decadente

prima, maquinaria, herramientas y todo lo considerado como capital constante para lograr un equilibrio de la totalidad del sistema y asegurar su reproducción (El capital constante del sector de medios de consumo debe ser cuando menos igual al valor del capital variable y el plusvalor del sector de los medios de producción).

3. En el modelo marginalista se plantea el equilibrio entre oferta y demanda de bienes para que el sistema se reproduzca, en la práctica del análisis, de no darse tal equilibrio basta con implementar medidas que tiendan a restablecer el equilibrio perdido.

4. En el esquema Marx plantea que las mercancías se cambian por su valor, es decir se elimina la formación de los precios - lo cual se analiza posteriormente en el libro tercero y se demuestra que las mercancías no se venden en su valor y que la formación de los precios sirve para distribuir el plusvalor entre los capitalistas.

5. En el modelo como tal ni se toca el tema de la formación de los precios, puesto que estos se consideran dados, lo que permite ocultar las transferencias de valor de unos capitalistas a otros.

6. En el esquema se considera que no hay cambios tecnológicos, ya que estos generan destrucción de valor por lo que no se podría dar entonces un intercambio de valores iguales.

7. En el modelo se considera la producción homogénea lo que supone lo planteado en el esquema, pero no se toca la destrucción y desigualdad de valores que provoca el cambio tecnológico.

8. En el esquema, si se considera que el intercambio se da entre valores iguales, entonces se supone que el capital y el trabajo tienen la libertad para adecuarse donde se obtenga una tasa de ganancia media.

9. En el modelo se supone la misma libre movilidad del capital con la particularidad de que estos supuestos, por representar una lucha de intereses por lograr ganancias adicionales se manipulan de tal manera que pueden considerarse factores políticos que pueden cumplirse siempre y cuando sean necesarios al sistema[28].

I.II. Formulación de hipótesis

La hipótesis de trabajo a demostrar, tal como lo presume el título de la tesis, es la tendencia al derrumbe del sistema y el futuro previsible del desarrollo de las condiciones actuales en las cuales se refleja esta tendencia.

Para abordar nuestro Objeto de Estudio, es necesario que en esta introducción hagamos un repaso general del contenido:

---

[28] Es decir, las guerras o la especulación financiera con objetivos políticos se encuentran comúnmente asociadas a estos factores que forman parte ya propiamente del imperialismo. Por otro lado, si ahí uno de los principios del modelo de competencia perfecta que no se desea, es el de la libre movilidad del capital.

a) partiremos de la situación macroeconómica reconocida que caracteriza la economía actual, es decir partiremos de sus principales indicadores económicos. b) inmediatamente después, en términos generales identificaremos las similitudes y diferencias metodológicas del método de la economía clásica, keynesiana y neoclásica y su crítica marxista. c) posteriormente recabaremos y organizaremos la información empírica necesaria para el análisis y d) finalmente, intentaremos formular una abstracción o esquema para describir las nuevas condiciones en que se desarrolla la acumulación de capital, aceptando o refutando el cuerpo de hipótesis siguiente.

Hipótesis 1: El crédito como consumo de fuerza de trabajo *a posteriori* y extracción de plusvalor futuro representa solo una promesa de pago. Aunado a la generación de una demanda agregada, la cual permite la realización del ingreso capitalista. Esto nos índica una *paulatina tendencia al consumo como medio de crecimiento*, con ello *el agotamiento de las ganancias y las inversiones.*

Desde el inicio del Estado de bienestar el Consumo es determinante en la economía, existe un límite, no puede consumir el capitalista todo su ingreso a riesgo de perder su riqueza. El obrero está obligado a consumir pues el no consumo de esta clase es en la práctica una perdida para el patrón global en que se convierte el capital.

Hipótesis 2: Otra contradicción del keynesianismo que representó peligro para el sistema fue la creación de empresas productivas estatales las cuales competían contra la "iniciativa privada". Si bien estas "paraestatales" abarataban costos para los capitalistas como la energía barata para la empresa y el obrero o salud mínima para una fuerza de trabajo san sin grandes costos en salud; al paso del tiempo, significaron también espacios perdidos y competencia adicional al capital privado, por la redistribución de una tasa descendente de ganancia para el capital global.

Por ello, hoy los capitalistas presionan dogmáticamente a favor de privatizaciones, muchos no entendiendo que serán perjudicados por un nuevo interés de lucro que no corresponde al papel de apoyo que brindaba el Estado, fenómeno que podría ser explicado por el keynesiano como una nueva insuficiencia de la demanda —con todo y la corrupción que de alguna u otra forma también significa un método de redistribución de la riqueza.

Hipótesis 3: Las necesidades del capitalismo global rebasaron la teoría keynesiana y el sistema se encuentra dentro de los márgenes de transformación donde la doctrina neoliberal se apropió de estos espacios de dirección de la política económica. Sin embargo, esta suplantación, al parecer por los últimos indicios, se encuentra en el umbral de una crisis mayor a la de 1929 y, por lo tanto, las posibilidades de éxito para el sistema son sumamente restringidas. Es necesaria una nueva contabilidad acorde a la nueva teoría y realidad económica y está es inexistente, incluso de existir una nueva sería ineficaz para los fines del imperialismo y del Capital.

Hipótesis 4: El éxito del sistema para salir de la crisis, de acuerdo con las anteriores hipótesis, sería a costa de una aguda pauperización de los niveles de vida de amplios sectores sociales, así como de una tendencia represiva sistemática contra todo aquello que salga de sus márgenes, normas y sentidos culturales; incluyendo el aspecto destructor de la ecología y de las culturas no occidentales.

Hipótesis 5: Estas condiciones de atraso social global golpearán económicamente acaso con mayor fuerza en los países fuera del circuito fuerte del capital, pero es de esperarse un cambio cualitativo proporcional en los países fuertes económicamente, donde se librará una gran batalla ideológica entre el fascismo y las fuerzas progresistas del mundo.

Hipótesis 6: El éxito del sistema será coyuntural, una nueva crisis determinada por la lógica de la tendencia descendente de la tasa de ganancia del capital en si se prepara en el seno de su propio éxito temporal.

Hipótesis 7: El incremento en la velocidad de rotación del capital provoca ciclos cada vez más cortos de crecimiento económico, por lo que de existir una recuperación de la crisis enunciada está será sumamente corta; ya que el impulso del dinero de plástico y el dinero virtual corre el peligro de convertirse una vez más en crédito sin sustento productivo y en presiones inflacionarias adicionales al estancamiento económico.

Las hipótesis alternativas serían pues:

I.- No existe tal tendencia al derrumbe y es de esperarse que la reproducción del sistema se dé acompañada de un mejoramiento de las condiciones de vida de la humanidad

II.- Todavía existen condiciones para la reproducción del sistema, aunque esto signifique un empeoramiento de las condiciones de vida de la humanidad y el mantenimiento de la tendencia del derrumbe del sistema.

Antes de iniciar, ahora si desde el campo de la crítica de la economía política la justificación de la tesis y el desarrollo de algunos principios conceptuales que nos permitan profundizar el análisis, me parece necesaria de nuevo una mínima descripción teórica del método y fines monetaristas, entendiendo estos como el reflejo enajenado de una situación real.

I.III. Situación general concreta de la realidad económico-social.

La economía capitalista antes del año 200 se caracterizaba por:

1) La importancia determinante del capital financiero que impone a los países sus condiciones, define el valor de sus monedas nacionales y la estabilidad de sus economías internas por medio del equilibrio en la balanza de cuenta corriente; por esta razón...

2) Una competencia entre la inmensa mayoría de países por capitales externos, lo cual reducía el Crédito Interno Neto y restringía el mercado nacional

3) Provocando este fenómeno una tendencia al alza de las tasas de interés y la inflación en el mundo. Principal problema al que se decía combatir y principal justificación del modelo neoliberal. Esta situación generaba en países como el nuestro...

4) Una gran cartera vencida y quiebras en empresas productivas.

5) Contracción del crédito por parte de los organismos financieros internacionales y los gobiernos.

6) Contracciones de los mercados internos de los países deudores.

7) Disminución de servicios públicos; por tanto, una reducción de los ingresos de las familias al verse obligadas a destinar parte de sus ingresos al pago de intereses por la deuda en dólares.

8) Un agotamiento constante de recursos internos de los países por privatizaciones de empresas públicas para adquirir recursos y pagar así los altos intereses de la enorme deuda externa.

9) Retirada de la intervención estatal en la economía.

10) Se aceleran los procesos de integración económica.

11) Intensa competencia internacional. En esta carrera, lo que antaño se consideró como sano económicamente (la creación de una demanda adicional por medio de la intervención estatal) ahora se considera nocivo, y retirar al gobierno de la economía y contraer crédito, positivo.

12) Se acelera sensiblemente la tendencia al desempleo.

13) Reducción del salario a niveles por debajo del mínimo de sobrevivencia en los países periféricos y mínimos históricos en los países "desarrollados", y con tendencia a la baja.

14) La reducción de ingresos indirectos generaron una reducción de los niveles de seguridad social

Esta es la descripción de situación inmediata que los economistas reconocían y a la cual se han intentado presentar como un paso necesario hacia un nuevo desarrollo de largo plazo con grandes beneficios[29]. De este primer acercamiento reconocido por todos, intentaremos desarrollar nuestros argumentos.

---

[29] El caso de nuestro país es paradigmático en este último sentido; las declaraciones de los gobernantes mexicanos y de los funcionarios de los organismos financieros internacionales son argumentos recurrentemente optimistas que pronostican el esperado despegue de la economía nacional a mediano plazo.

"¿Cómo se puede comprar o vender el cielo, la calidez de la tierra? La idea es extraña para nosotros. Si nosotros no poseemos la frescura del aire y el reflejo del agua, ¿cómo puede alguien comprarlos? Cada parte de esta tierra es sagrada para mi gente. Cada brillante aguja de pino, cada playa arenosa, cada neblina en el bosque obscuro, cada claro en el bosque y cada insecto zumbador son sagrados en la experiencia de mi gente. La savia que corre por los árboles lleva el recuerdo del hombre rojo. Los hombres blancos olvidan la tierra de su nacimiento cuando van a caminar entre las estrellas. Nuestros muertos nunca olvidan esta tierra hermosa, pues es la madre del hombre rojo. Nosotros somos parte de la tierra y ella es parte de nosotros. Las flores perfumadas son nuestras hermanas, el ciervo el potro y la gran águila son nuestros hermanos... Así pues, cuando el Gran Jefe en Washington manda decir que desea comprar nuestra tierra, nos pide demasiado... Esta agua refulgente que corre por los arroyos y los ríos no es simplemente agua, sino la sangre de nuestros antepasados.... el hombre blanco debe recordar, y enseñar a sus hijos, que los ríos son nuestros hermanos, y suyos también, y les debe ofrecer de aquí en adelante la bondad que reservaría para un hermano..."

Mensaje del Jefe Seattle a Washington

CAPÍTULO II. EL CONCEPTO DE VALOR Y LAS CRISIS ECONÓMICAS.

II.I Consideración preliminar sobre las diferencias culturales y su repercusión económica.

POR DECIRLO DE ALGUNA MANERA, LA CONSTRUCCIÓN DE UNA teoría del valor es un debate propiamente occidental. ¿Cómo calcular el creciente intercambio de productos (valores de uso) entre culturas con desarrollo y fines diferentes?

En este juego, el proceso de producción llegó con el capitalismo a un punto en la cooperación en el que los nuevos líderes burgueses encontraron por fin el origen de la riqueza social, base necesaria de un desarrollo espiritual imposible sin embargo dentro de los límites del individualismo filosófico y la atomización del interés privado. Efectivamente, la cooperación de la fuerza de trabajo y la socialización científica supeditada al interés de lucro y centralizada en el capitalista impidieron concretamente el desarrollo espiritual de las masas explotadas; siendo burgueses y proletarios, las dos caras de la misma cultura occidental (bárbara) impuesta sobre otras culturas.

El valor de la dirección empresarial, el valor de la fuerza de trabajo... ¿cómo se calculan? ¿Qué es lo que da valor a los productos? ¿reflejan los productos los valores de sus productores, es decir, reflejan los productos la idiosincrasia y la cultura de sus productores? ¿Se puede concebir así la igualdad entre valor y precio? ¿al imponerse el precio como valor que sucede con el desarrollo cultural? ¿Qué sucede con la conciencia social y humana? ¿por qué hoy se imponen los precios del dólar en el mundo al tiempo que con la *globalización* se hacen homogéneos los criterios acerca de lo bueno y lo malo? ¿hacia dónde van los valores llamados "humanos"?

Si no se toma en cuenta la diversidad cultural, y si se pretende encerrar en sus marcos toda la riqueza social, el proceso cultural histórico actual, llamado neoliberalismo no es más que una imposición de un cierto tipo de "imperativo categórico "kantiano, sustentado en la razón abstracta -por lo regular ligada al poder concreto. El supuesto burgués de que todos los individuos actúan o deben actuar "racionalmente", es la imposición del criterio de la cultura occidental capitalista la cual considera irracional todo aquello que no sea la lógica del capital. Es así como la ideología del orden occidental basado en la enajenación del trabajo se exporta y se asimila en la medida en que la realidad cotidiana del capitalismo se sobrepone y domina, subsume las otras culturas.

El hecho de que la lógica capitalista se haya impuesto por la fuerza explica ya de por si el fenómeno del subdesarrollo; sin embargo, hemos visto como algunas culturas han adecuado dicha lógica a su carácter autoritario y han construido su fortaleza gracias a un híbrido que niega precisamente el carácter avanzado de la cultura occidental -el reconocimiento del valor del trabajo[30]- y que afirma y confirma su aspecto enajenante.

El desarrollo de la sociedad occidental -con su acceso a las relaciones sociales capitalistas -, es supuestamente la cultura más avanzada que sintetiza los ideales humanos en la "libertad, fraternidad e igualdad" de la revolución francesa. En el siglo XIX su avance científico y filosófico, desde la aparición de la economía como ciencia, toma un impulso fuera de los dogmas, después

---

[30] En el caso de las culturas orientales de Japón, Corea o China.

de que el periodo de la ilustración, la revolución industrial y los revolucionarios franceses se encargaron de crear en la conciencia en los hombres un espacio para pensarse iguales en la tierra; sin dioses, sin enviados de los dioses, y no en un mundo futuro y lejano después de la muerte. Los economistas clásicos tuvieron la impertinencia de considerar al trabajo como el valor más importante y dieron a la humanidad un cuerpo, materia concreta donde hacer realidad el lejano mundo de las ideas; y es por eso que los nuevos economistas trataron y tratan de borrar tan grave afirmación que no hace más que igualar al hombre con los dioses y, en consecuencia, a los hombres entre sí.

Sin que la afirmación siguiente pretenda ser absoluta e incuestionable, sobre todo por el grave deterioro social en Occidente, el desarrollo de la sociedad occidental supone el desarrollo de la sociedad más avanzada tecnológicamente. A mi juicio, declararlo así no es tener una visión euro-centrista, es reconocer una realidad que se hizo patente desde hace ya dos siglos, pero hoy muestra la evidencia de su agotamiento - se han desarrollado en las diferentes culturas que existen o han existido a lo largo de la historia humana y que desarrollaron a su vez sus propias vías para avanzar en aspectos de la realidad que quizá son desconocidos para la ciencia occidental.

Tampoco, esto quiere decir que la sociedad occidental estuviera ajena a los elementos autoritarios que impregnan toda cultura. Quizá el autoritarismo occidental sea el más feroz e intransigente precisamente por considerarse la sociedad más avanzada y la obligada a "modernizar" las otras culturas; y podemos decir que el capital se cobra con pobreza la impertinencia de las culturas que pretenden sostenerse más allá de la base económica capitalista.

Los "bárbaros" de los que hablaron los emperadores chinos cuando los ingleses trataron de formalizar las relaciones comerciales, no tenían la menor idea sobre las diferencias en los valores que regían las diferentes culturas, no podían entender, por ejemplo, la medicina, la política y la producción de un imperio que había conservado el poder y la estabilidad en ese espacio geográfico y temporal; y nunca pensaron en aprender, en aquel momento de dichos conocimientos. Quizá la intuición los llevó a hacer la conclusión de que incluir en el pensamiento occidental los conocimientos desarrollados por otras culturas puede resultar subversivo. Así, entre muchos otros ejemplos y según se va descubriendo y abriendo el criterio occidental a la par que se deterioran las condiciones del capitalismo, se rescatan conocimientos de otras culturas. Los españoles menospreciaron la herbolaria desarrollada en nuestras tierras y los ingleses la acupuntura, los ejercicios físicos y mentales de oriente por considerarlos mitos.

También es cierto que, occidente destruyó los mitos más reaccionarios, pero su Dios metafísico único de la edad media cuando mucho se transformó en lo que Marx llama el "fetichismo de la mercancía", un Dios de lo material (hoy por hoy el dólar) al cual ofrecemos el sacrificio de las "masas no modernizables" al incuestionable "equilibrio macroeconómico": rendimos culto al dinero y su ciclo de reproducción, acumulación y negación de la humanidad. ¿Hay diferencias entre ofrecer el corazón al sol para pedir a los dioses piedad por el pueblo o condenar el bienestar social en bien del equilibrio financiero? Podemos entonces decir que el poder de los nobles se convirtió en el poder de los "dueños" del dinero; los papas, obispos y sacerdotes son ahora científicos sociales con fórmulas cada vez más complejas para mantener la estabilidad; sus máximos sacerdotes son los economistas. Definitivamente, el análisis cultural es importante en una sociedad dividida y estancada -y no se acaba en el análisis económico, por cierto.

En este trabajo proponemos como marco teórico un análisis del concepto de Valor tomando en cuenta que su discusión es considerada como superada por los grandes sacerdotes modernos de la economía. En el fondo, nuestra búsqueda no es el de la imposición del "Valor" occidental ahora reconocido, sino rescatar el principio de valor más adelantado en la historia del pensamiento humano, el valor que da la conciencia de sí mismo como un hecho material con vida y capaz de crear y recrear el mundo en el que vive: el trabajo.

II.II La Mercancía

II.II.I El concepto de valor

La explicación de los conceptos después de la visión general "aparencial", nos permite abstraer de lo complejo una serie de elementos esenciales y al profundizar en ellos para descubrir sus relaciones internas, así como su lógica de desarrollo, nos llevarán a un nivel de concreción del conocimiento mucho más allá de las simples apariencias. La conceptualización marxiana recoge el más alto nivel del conocimiento histórico y filosófico de occidente hasta la modernidad y proviene de la aplicación de un método explícito que no deja lugar a la ambigüedad ni confunde niveles de abstracción-concreción u objetividad-subjetividad del conocimiento[31].

---

[31] El supuesto fracaso del método dialéctico aplicado a la realidad social, no reflejaría otra cosa que el fracaso de la tentativa cultural occidental por unificar a la humanidad bajo sus criterios.

Por otro lado, la Teoría Económica "académica", como señalara anteriormente, nos puede ser muy útil como descripción y aún señalar el "meollo" del problema, sin embargo su confusión metodológica intrínseca y el uso privado (faccioso-político) que se hace de ella, no permite una discusión profunda, convirtiéndose en una especie de camisa de fuerza para el conocimiento que nos obliga a ser "realistas" -al momento de que intenta convencernos que la explicación de la realidad es así de simple como se pretende que son los modelos cuantitativos[32]. Al saltarse la explícita construcción y discusión de los conceptos simples que dan pie a la construcción de sus "modelos macroeconómicos", al querer fijar estos como dogma de fe, pierde las posibilidades de descubrir las leyes más generales, dejando a las reformas coyunturales de la teoría y a los "parches" teóricos la explicación de los fenómenos que no encajan con las nuevas realidades y que son mucho más complejas y contradictorias que la teoría -la cual no acepta la

---

[32] Marx ya había hecho una crítica a las categorías de la economía burguesa cuando afirma que "La reflexión acerca de las formas de la vida humana, incluyendo por tanto el análisis científico de esta, sigue por lo general un camino opuesto al curso real de las cosas. comienza *pos festum* y arranca, por tanto, de los resultados preestablecidos del proceso histórico. Las formas que convierten a los productos del trabajo en mercancías y que, como es natural, presuponen la circulación de éstas, poseen ya la firmeza de formas naturales de la vida social antes de que los hombres se esfuercen por explicarse, no el carácter histórico de estas formas, que consideran ya algo inmutable, sino su contenido. Así se comprende que fuese simplemente el análisis de los precios de las mercancías lo que les movió a fijar su carácter valorativo. Pero esta forma acabada del mundo de las mercancías -la forma dinero-, lejos de revelar el carácter social de los trabajos privados y, por tanto, las relaciones sociales entre los productores privados, lo que hace es encubrirlas... Estas formas son precisamente las que constituyen las categorías de la economía burguesa. Son formas mentales aceptadas por la sociedad, y por lo tanto objetivas, en que se expresan las condiciones de producción de este régimen social de producción históricamente dado que es la producción de mercancías. Por eso todo el misticismo del mundo de las mercancías, todo el encanto y el misterio que nimban los productos del trabajo basados en la producción de mercancía se esfuman tan pronto como los desplazamos a otras formas de producción."

existencia de una lucha real por el poder económico y político que necesariamente va a presionar sobre el conocimiento.

Ya sobre la economía subjetivista, Marx apuntó en su cita en el capítulo de La mercancía

"...la economía vulgar, que no sabe más que hurgar en las concatenaciones aparentes, cuidándose tan sólo de explicar y hacer gratos los fenómenos más abultados, si se nos permite la frase, y mascando hasta convertirlos en papilla para el uso doméstico de la burguesía los materiales suministrados por la economía científica desde mucho tiempo atrás, y que por lo demás se contenta con sistematizar, pedantizar y proclamar como verdades eternas las ideas banales y engreídas que los agentes del régimen burgués de producción se forman acerca de su mundo, como el mejor de los mundos posibles."

La visión burguesa, sin embargo, tampoco puede menospreciarse, así como no podemos menospreciar los logros de la filosofía y método positivista si tomamos en cuenta que sus objetivos se circunscriben a la permanencia y afirmación de lo existente, a permanecer dentro del juego, a la construcción del modelo, o dicho más propiamente, a la reproducción del sistema por medio de un discurso de poder; reproducción que entra ya en su etapa decadente. En fin, que me pareció importante partir de los conceptos "marxianos" y señalar sus limitados "sinónimos" académicos, intentando con esto hacer una lectura que guíe a los "no marxistas" y para resaltar que la fuerza de los hechos histórico-concretos obligan y arrastran a los teóricos burgueses más sensibles a crear soluciones para salvar momentáneamente las contradicciones fundamentales del sistema.

Sin duda, estamos ante circunstancias que requieren del desarrollo de los conceptos; sin embargo, estos, al hacerse necesarios se van construyendo en la práctica y no nacen de la nada.

Existe un bagaje conceptual básico el cual hay que rescatar. Por otro lado, es también importante advertir que esta nueva explicación, si quiere ser acorde con la nueva realidad y no sólo una apologética o una crítica utópica o una ideología sin bases, requiere que los conceptos no permitan ambigüedades, ni vulgarizaciones fáciles. La urgencia de frescura en esta tarea nos obliga a ser rigurosamente cautelosos. De tal manera que el repaso del concepto de valor y sus implicaciones es doblemente justificado.

Por otra parte, según la línea de investigación que pretendo establecer, en el origen de la problemática actual está una de las contradicciones fundamentales y que ha representado uno de los debates nodales en torno de la teoría marxista: la desviación de los precios con respecto a los valores.[33]

II.II.II Definición del objeto "Valor"

Proponer una explicación del valor en abstracto, sin hacer referencia al objeto material que contiene las características generales y sus formas o al objeto que cumple las funciones del valor; puede llevarnos a no establecer los límites mismos del concepto, en este caso debemos identificar las formas específicas del capitalismo, encerradas en el análisis de la mercancía. El

---

[33] Revisar Morishima, Bortkiewicz, Srhaffa, Samuelson, Wicksteed, Bohm-Bawwerk, Desai, Steedman, E. Andres, Hyndman, Tugan-Baranovski, Okishio

análisis marxista propone correctamente partir de la utilización del concepto de un objeto real y no de un concepto abstracto "puro" como lo es el concepto de "Valor", ya que:

"Uno de los defectos fundamentales de la economía política clásica es el no haber conseguido jamás desentrañar el análisis de la mercancía, y más especialmente del valor de ésta, la forma del valor que lo convierte en valor de cambio. Precisamente en la persona de sus mejores representantes, como Adam Smith y Ricardo, estudia la forma del valor como algo perfectamente indiferente o exterior a la propia naturaleza de la mercancía. La razón de esto no está solamente en que el análisis de la magnitud del valor absorbe por completo su atención. La causa es más honda, la forma de valor que reviste el producto del trabajo es la forma más abstracta y, al mismo tiempo, la más general del régimen burgués de producción caracterizado, así como una modalidad específica de producción social y a la par, y por ello mismo, como una modalidad histórica. Por tanto, quien vea en ella la forma natural eterna de la producción social, pasará por alto necesariamente lo que hay de específico en la forma de valor y, por consiguiente, en la forma mercancía, que, al desarrollarse, conduce a la forma dinero, a la forma capital, etc. He aquí porqué aún en economistas que coinciden totalmente en reconocer el tiempo de trabajo como medida de magnitud de valor nos encontramos con las ideas más variadas y contradictorias acerca del dinero, es decir, acerca de la forma definitiva en que se plasma el equivalente general. Así lo revelan, por ejemplo, de un modo palmario, los estudios acerca de los Bancos, donde no bastan esas definiciones del dinero hechas de lugares comunes. De aquí que surgiese, por antítesis, un sistema mercantilista restaurado

(Ganilh, etc.), que no ve en el valor mas que la forma social, o más bien su simple apariencia, desnuda de toda sustancia"[34].

Habiendo comprendido lo anterior retomaremos la propuesta de utilizar estos objetos de compraventa que vienen a convertirse en la cultura del capitalismo en el origen y el fin de la vida cotidiana[35]. Además, es preciso incluir posteriormente las especificidades de la mercancía dominante de la etapa actual del sistema, así como su fenomenología: el dinero de crédito, la especulación y los precios de monopolio. Tomando como guía *EL CAPITAL*, donde Marx inicia con una conceptualización muy general de la riqueza, identificándola como una acumulación de mercancías. Lo que debemos advertir en primer lugar es que al tener como propósito final aclarar el concepto del valor para el periodo actual, es menester incluir posteriormente las especificidades de la mercancía dominante en la actual etapa histórica – ¿el petróleo, la guerra?- así como su fenomenología - el dinero de crédito, la especulación, los precios de monopolio y la manipulación de los índices monetarios -, y posteriormente recordar que el análisis se mantiene en un nivel de abstracción donde todavía no se toma en cuenta al dinero como forma particular de valor, ni mucho menos como mercancía específica que por su carácter de equivalente general implica tantas consecuencias.

Partimos del producto específico del sistema social moderno. La mercancía la cual incluye las características generales mismo. Marx reconoce esta realidad concreta - y no a la idea abstracta de

---

[34] *El Capital*, Tomo I. Cap. I. Marx Carlos. Nota en el punto titulado "el fetichismo de la mercancía y su secreto".

[35] Manuscritos Económico-Filosóficos. Marx, Carlos. FCE

valor-, como la que representa la existencia del sistema capitalista. Reconoce a la "Mercancía" como "célula" común[36] del capital.

Otra característica importante de la exposición es la búsqueda de la "pureza" del objeto de estudio; aquella situación del mismo donde las contradicciones fortuitas y circunstanciales que, aunque pudieran ser importantes fuentes de "corrupción" o desviación de la misma lógica interna de su desarrollo e historia, no oscurezcan su realidad interna. Asimismo, se propone un continuo acercamiento a diferentes niveles de abstracción y de su desarrollo, que se va reconstruyendo a la par que se descubren nuevos conceptos, los cuales se integran y se combinan a medida que la realidad estudiada se hace más compleja. La realidad así estudiada se encuentra bien definida en *El Capital*. Propone la abstracción partiendo de lo concreto y no la abstracción partiendo de la abstracción.

II.II.III. *Valor de cambio y valor de uso de la mercancía*

La mercancía en cuanto tal reúne dos características del valor: debe ser un valor de uso social y tiene un valor de cambio[37]. Asimismo, el trabajo, al igual que la mercancía y como mercancía

---

[36] Mientras en anteriores sistemas sociales la mercancía está al margen y lejos de ser representante del sistema y, por lo tanto, producto dominante del mismo. En el capitalismo, estos objetos de compraventa vienen a convertirse en el origen y el fin de la vida cotidiana. En su envoltura se justifica la existencia social y aquello que no es susceptible de convertirse en mercancía tiende a desaparecer. Asimismo, es curioso advertir como el tipo de la mercancía o las mercancías que dominan el mercado caracterizan a la sociedad en su conjunto imprimiendo sus cualidades en la cotidianeidad.

[37] Y ya Marx hacía notar sus conocimientos sobre lingüística al recordar en una nota a la cuarta edición del capital que el idioma de Inglaterra tiene dos vocablos correspondientes al trabajo uno al que crea valor de uso (work) y otro al que crea valor de cambio (labour).

en el sistema capitalista reúne un valor de uso como creador de productos particulares y un valor de cambio como abstracción de su capacidad cuantitativa de trabajo reducida al trabajo simple.

Como valor de uso, la mercancía:

"...representa un conjunto de las más diversas propiedades y puede emplearse, por tanto, en los más diversos aspectos. El descubrimiento de estos diversos aspectos y, por tanto, de las diferentes modalidades de uso de las cosas, constituye un hecho histórico... Lo que constituye un valor de uso o un bien es, por tanto, la materialidad de la mercancía misma... el valor de uso solo toma cuerpo en el uso o consumo de los objetos. los valores de uso forman el contenido material de la riqueza, cualquiera que sea la forma social de esta. En el tipo de sociedad que nos proponemos estudiar, los valores de uso son, además, el soporte material del valor de cambio."[38]

Con respecto a la teoría burguesa podemos rastrear que los primeros estudiosos de la economía descubrieron esta cualidad de las mercancías y que sus sucesores vulgarizaron este descubrimiento al reducir el concepto de valor a estos primeros intentos e inicios de la definición del valor.

Con Bentham, el valor de uso se convierte en utilidad y esta se convierte en el principio metafísico del beneficio. Varias décadas después Jevons, Walras, y Menger principalmente bosquejan lo que habría de ser la teoría del valor dominante, basada en el concepto de utilidad marginal y Richard Jenings que en 1855 enuncia el principio de la utilidad marginal decreciente, en forma de una "ley de la variación de las sensaciones".

---

[38] El Capital. t. I, cap. I. pág. 4

Hoy en día, esta se define como la variación que sufre el producto al margen, cuando se incrementa o se disminuye en una unidad a combinación de los factores productivos y la enseñanza de los "términos" básicos de la teoría económica es tan banal que los libros de texto no dudan en afirmar que "la utilidad es el producto de las cantidades X e Y consumidas" por un individuo y que la "...medida cardinal de la utilidad... carece de importancia. Sólo se requiere que estas ordenen los conjuntos de bienes de acuerdo con su preferencia" ya que "sólo las propiedades ordinales son importantes para los fines de estratificación"[39] . Es decir, que se acepta que no es cuantificable el intercambio en términos exactos y que a lo único que podemos aspirar es comparar los niveles de preferencia del consumidor sobre las mercancías[40]. Sobre como trataron los economistas burgueses el tema del valor y la magnitud de este, Marx expresa que:

> *"Por lo que se refiere al valor en general, la economía política clásica no distingue jamás expresamente y con clara conciencia de lo que hace el trabajo materializado en el valor y el que toma cuerpo en el valor de uso de su producto. De hecho, traza, naturalmente, la distinción, puesto que un caso considera el trabajo cuantitativamente y en otro caso desde un punto de vista cualitativa. Pero no se le ocurre pensar que la simple diferencia cuantitativa de varios trabajos presupone su unidad o igualdad cualitativa, y por tanto su reducción a trabajo humano abstracto."*[41]

---

[39] Ferguson y Gould, *Teoria Microecenomica*. FCE. pág. 21

[40] Aquí cabría señalara que al referirnos a las producciones de valores de uso suponemos también la posibilidad de que estos existan fuera del sistema y que una vez que este tipo de producción de bienes estrecha algún vínculo y convierte una parte de su producto en mercancías, el dominio del sistema se hace patente poniendo en peligro la existencia de la pura producción de valores de uso.

[41] Ibídem

Lo que tenemos de inmediato es una concepción clara que niega la unilateralidad de la perspectiva de quienes ven el concepto de valor como valor en general sin distinguir entre la utilidad y el valor de cambio, es decir, entre los que ven al valor, o bien solo como valor de uso o solo como valor de cambio. La mercancía pues, como portadora de valor contiene elementos cualitativos que representan su valor de uso, lo cual es subjetivo y lo que solo puede medirse objetivamente en cantidades diversas de la misma unidad "v. gr. una *docena* de relojes, una *vara* de lienzo, una *tonelada* de hierro, etc."[42] , -o en condiciones concretas de bienestar y calidad en la vida de los pueblos, cosa que tiene en realidad poco que ver con el dinero y su contabilidad.

Además, toda mercancía es un valor de uso, pero no todo valor de uso es una mercancía. Para que un valor de uso pueda ser mercancía es rigurosamente necesario que dicho valor de uso sea un valor de uso social, es decir que sea útil y susceptible de ser intercambiado por otro valor de uso de diferente naturaleza, es decir un valor de uso que no sea el mismo valor de uso, ya que no tiene sentido intercambiar un producto por otro igual al que ya yo poseo. Así, los productos que no son factibles de intercambiarse o se producen para el consumo propio y no tienen valor de cambio, no son mercancías o simplemente no tienen utilidad social alguna. Los distintos valores de uso, al no reunir características homogéneas, no pueden intercambiarse en cantidades justas y equivalentes -así como no pueden restar naranjas a las manzanas-; y, sin embargo, para que pueda realizarse un intercambio los valores de uso tienen que ser diferentes, pues nadie cambia naranjas por naranjas.

Así, también, "la proporción en que se cambian valores de uso de una clase por valores de uso de otra...varia constantemente con

---

[42] Ibídem

los lugares y los tiempos"[43]. De aquí que la relación cuantitativa es un valor de cambio y "lo que caracteriza visiblemente la relación de cambio de las mercancías es precisamente el hecho de hacer abstracción de sus valores de uso respectivos". De esta manera "los diversos valores de cambio de la misma mercancía expresan todos ellos algo igual", así como "el valor de cambio de dos mercancías se puede reducir a un tercer término".

Y antes de rastrear esa especie de "mínimo común denominador" del valor, cabe hacer la reflexión de que Marx no ignora el valor de uso de las mercancías, es más, se resalta que un objeto sin valor de uso no puede ser mercancía y que *como valores de uso, las mercancías representan, ante todo cualidades distintas; como valores de cambio, solo se distinguen por la cantidad: no encierran, por tanto, ni un átomo de valor de uso*". Por tanto, de los usos de las mercancías más demandadas en cierta etapa históricas podríamos deducir los "usos y costumbres" de la sociedad estudiada al respecto.

Las cualidades de una mercancía pueden justificar una desviación del precio con respecto a su valor, así como la política o la voluntad del individuo puede desviar también los precios de los valores en perjuicio de ese tercer término común de valor, la fuerza de trabajo social, la cooperación, el trabajo abstracto.

Coincidimos con Marx cuando éste afirma que, si prescindimos del valor de uso, a las mercancías solo les queda la cualidad de ser productos del trabajo *en abstracto*.

Al desaparecer -en la relación de intercambio- el carácter útil de los productos del trabajo productivo concreto, desaparecen

---

[43] De aquí en adelante tomaremos algunas frases hechas por Marx en el primer capítulo de *El Capital* y las identificaremos entre comillas y sin referencia bibliográfica. En caso de aparecer alguna cita que no se encuentre en dicha fuente, la haremos explícita con su cita correspondiente.

también las diferentes formas concretas de estos trabajos, que dejarán distinguirse unos de otros para reducirse todos ellos al mismo trabajo humano, "al trabajo humano abstracto", es decir, la reducción de todos los tipos de trabajo al trabajo simple para efecto de hacer medible la relación de cambio. Y esta medición se lleva a cabo por fracciones de tiempo donde se invierte la misma *fuerza de trabajo* por cada fracción. "es como si toda la fuerza de trabajo de la sociedad materialidad en la totalidad de los valores que forman el mundo de las mercancías, representase para estos efectos una inmensa fuerza de trabajo, no obstante ser la suma de un sinnúmero de fuerzas de trabajo individuales"[44].

Es pues la fuerza de trabajo la mercancía específica del modo de producción capitalista que no parece como tal en otros modos de producción, la cual al igual que cualquier otra mercancía reúne un valor de uso y un valor de cambio. Su valor de uso se realiza en el proceso total de trabajo aplicado y su valor de cambio es igual al valor de los productos que cubren sus necesidades de reproducción.

De esta forma, el valor del trabajo es superior al valor de la fuerza de trabajo ya que el trabajador tiene la capacidad de laborar un tiempo excedente por encima del valor de su fuerza física aplicada, y de este excedente se adueña quien lo contrata. No obstante, pensar de esta manera sin tomar en cuenta que para cada época hay una correspondiente reducción al trabajo simple,

---

[44] Keynes mismo aplica una reducción similar, pero desde un punto de vista monetario al proponer la unidad de salario por trabajo homogéneo; y esta es la escuela del pensamiento que permanece en los libros de texto. Por ejemplo, en el libro "TEORIA Y POLITICA MACROECONOMICA" el autor, W.H. Branson, define así la construcción de una curva de oferta agregada de trabajo: "Si suponemos una fuerza de trabajo homogénea con una tasa salarial única, podemos sumar todas las curvas de oferta de trabajo individuales para obtener una curva de oferta de trabajo agregada para la economía entera"

nos puede llevar a ignorar completamente lo señalado por Marx en el sentido de que la reducción señalada más arriba depende del desarrollo alcanzado por las fuerzas productivas.

Es decir que "cada una de estas fuerzas individuales de trabajo es una fuerza humana de trabajo equivalente a las demás, siempre y cuando que presente el carácter de una *fuerza media de trabajo social* y de, además, el rendimiento que a esa fuerza de trabajo social corresponde, o lo que es lo mismo, siempre y cuando que para producir una mercancía no consuma más que el tiempo de trabajo que representa la media necesaria, o sea el *tiempo de trabajo socialmente necesario*". A este tiempo de trabajo socialmente necesario Marx lo define como:

"aquel que se requiere para producir un valor de uso cualquiera en las condiciones normales de producción y con el grado promedio de destreza e intensidad de trabajo imperantes en la sociedad." De tal forma pues que "...la magnitud de valor de una mercancía cambia en razón directa a la cantidad y en razón inversa a la capacidad productiva del trabajo que en ella se invierte."

La mercancía concreta el concepto de valor y el valor encierra la cristalización del trabajo y la propia historia del desarrollo de la mercancía nos da una guía sobre la propia etapa histórico-social que se vive. Curiosamente, si revisamos el proceso de conceptualización de la teoría burguesa podemos rastrear una paulatina tergiversación que coincide en el cambio de términos. Así, el valor de cambio se transforma en *utilidad* y el nuevo "concepto" se fundamenta en el principio metafísico del *beneficio*, correlativo este al concepto de *ganancia*. De tal forma que la definición de utilidad no llega más que a enunciar algunos rasgos del comportamiento del beneficio con respecto a la combinación de los factores cuando se aumenta o disminuye en una o varias unidades, alguno de ellos.

A tal grado llega la unilateralidad de la nueva ciencia que textos como la *"Teoría Microeconómica"* de Ferguson y Gould, que afirman que solo las propiedades ordinales son importantes para los fines de cuantificación ya que *"solo se requiere que* (las medidas cardinales) *ordenen los conjuntos de bienes de acuerdo con su preferencia."* Asimismo, definen a la utilidad como *"el producto de las cantidades X e Y consumidas por el individuo"*. Como vemos, no hay una pizca de rigurosidad al conceptualizar el valor y, con todo, los intentos de refutación o comprobación de una supuesta teoría marxista de los precios es mucho más interesante y racional que la ambigua determinación de precios por voluntad y obra de las "libres fuerzas del mercado" o de la "mano invisible"[45] -las cuales, demostraremos después, no son más que un reflejo de los continuos desequilibrios por efecto de la dificultad en la realización.

Donde la relación entre el ingreso marginal y el coste marginal está supeditada a un precio dado por el mercado que se supone en un nivel dado de satisfacción que puede ser mayor o menor, sin cuantificación rigurosa posible, ni identificación, encontramos alternativamente en Marx que el desarrollo tecnológico determina la repartición del plusvalor global.

El "concepto" de utilidad en economía pretende ignorar la fuerza creadora del trabajo humano, así como la determinación

---

[45] A mi juicio, dejar de lado la discusión sobre el concepto de valor y después de "demostrar" los erróneos cálculos de Marx y, por lo tanto, suponer la igualdad de valores y precios, la teoría burguesa simplifica a tal grado sus modelos que el gran peligro actual es precisamente la "incertidumbre" y la "falta de confianza" en los mercados, ya que no hay ya alguna razón objetiva de largo plazo que asegure la capitalización del capital financiero.

racional del valor de la fuerza de trabajo, pero asegura la retribución del coste de una mercancía que incluso puede ser vendida por encima o por abajo de su valor al suponer la acción de las libre fuerzas del mercado; así también ignora la posibilidad de tergiversar los valores por medio de la fuerza y justifica el intercambio de valores desiguales -más adelante veremos como el concepto de utilidad marginal deja un resquicio por el cual se deja entrever lo que Marx identificó como la "Ley de la tendencia descendente de la tasa de ganancia" [46].

II.II.IV. El equivalente general: el dinero.
Valor y precio de las mercancías.

Siguiendo a Marx

"La primera característica con que tropezamos al estudiar la forma equivalencial es esta, el valor de uso se convierte en forma o expresión de su antítesis, o sea, el valor" [47].

---

[46] Asimismo, estos rendimientos decrecientes al margen que evolucionan hasta un nivel cero y que luego se revierte para convertirse en pérdidas tiene un símil muy importante con la ley de la dialéctica de los cambios cuantitativos en cualitativos y de la transformación de los contrarios. Los conceptos marxianos van más allá al prever no solo la vuelta a lo positivo, es decir a la obtención de rendimientos, sino que se adelanta hacia la negación de la negación, lo que no significa volver a buscar la obtención de rendimientos, sino su anulación total al construir otra alternativa diferente, fuera, por supuesto, de los márgenes propuestos por el sistema de relaciones de producción capitalista.

[47] Esta desviación, de por sí natural por el carácter inasible y la incomprensibilidad de la realidad concreta inmediata en su totalidad, se vislumbra en la propuesta teórica de Rosa Luxemburgo, quién al confundir el nivel de abstracción en el que se maneja Marx al analizar los esquemas de reproducción clarifica que una fuente de plusvalor extraordinaria en el dominio del comercio internacional y que esta fuente es importante para la reproducción del sistema capitalista -aunque sea cuestionable su interpretación. Por otro lado, la no existencia del capitalismo puro y la necesaria interrelación entre

Así el valor de uso del dinero, al ser esta la forma equivalente del valor y la forma de valor que por excelencia domina el escenario de la economía mundial en su forma especulativa, el mismo dinero se convierte en el valor de las mercancías, siendo el dólar con su propia peculiaridad el que domine y marque el curso de la economía mundial. Esta situación no carece de importancia, puesto que como trataremos de demostrar más tarde, al eliminar el patrón oro se disloca completamente la ley del valor y se da al dólar un valor de uso que no tiene porque carece del valor de cambio requerido por las características productivas de la economía norteamericana con respecto a la economía mundial. A su vez, y en forma por demás curiosa, econometristas como Samuelson, Morishima, Steedman, etc., "descubren" que la ley del valor ya no es válida para el análisis de las nuevas condiciones del capitalismo. Y esto es en cierta forma real, ya que:

1) la intervención estatal, 2) la existencia de los monopolios, 3) las desiguales condiciones del comercio internacional y 4) la fijación arbitraria del tipo de cambio, hacen imposible la tendencia al equilibrio entre los valores y los precios.

Al reconocer la forma equivalente del valor, aquella forma donde la mercancía que se toma como referencia y equivalente de las demás va a plasmar sus propias características y condiciones a las relaciones sociales de producción, de intercambio y de distribución en su conjunto.

---

este sistema y otras formas de producción, permite hacer patente el dominio del sistema más poderoso, tendiendo a hacer desaparecer las otras formas de producción por este intercambio desigual.

Es precisamente en este punto donde se hace necesario el análisis de las formas relativa y equivalente[48] de valor, y más específicamente su posterior desarrollo a las formas de equivalente general y dinero.

Es importante resaltar la característica mencionada en *El Capital* y que nosotros apuntáramos más arriba, ahora con respecto a que el dinero como *equivalente* general y paradójicamente como valor de uso se convierte a la vista de los hombres y para efectos prácticos de intercambio, en el "valor" de las mercancías; abriendo así la posibilidad de la confusión entre los conceptos de valor y precio en el curso de la circulación de mercancías.

La posibilidad de cambiar una mercancía por otra se da desde el momento en que se pueden comparar de acuerdo a su valor, cada una representa una cantidad de valor. Como señaláramos más arriba, cuando una mercancía adquiere la cualidad de tomar la forma de valor de otra con la cual se le relaciona, *esta adquiere la forma de equivalente y este equivalente, el cual es un valor de uso, se convierte en su antítesis: el valor de cambio o más propiamente dicho, se convierte en el valor.*

La circulación de las mercancías viene a ser el fenómeno expuesto ante los ojos de los hombres. Es aquí donde la relación con los otros es clara porque unos hombres se enfrentan a otros como compradores y vendedores[49]. Pero además porque la relación

---

[48] Para un estudio detallado de las formas de valor revisar el primer capítulo de *El Capital.*

[49] "El carácter misterioso de la forma mercancía estriba, por tanto, pura y simplemente, en que proyecta ante los hombres el carácter social del trabajo de estos como si fuese un carácter material de los propios productos del trabajo, un don natural de social de estos objetos y como si, por lo tanto, la relación social que media entre los productores y el trabajo colectivo de la sociedad fuese una relación social establecida entre los mismos objetos... Por eso, si queremos encontrar una analogía a este fenómeno, tenemos que remontarnos a las regiones nebulosas del mundo de la religión, donde los productos de la mente humana semejan seres dotados de vida propia, de existencia

de producción capitalista-trabajador es continuamente negada en el discurso del poder. La teoría económica actual resalta precisamente este aspecto y al hacerlo se propone resolver el problema práctico de la venta de lo que se produce asegurando así la reproducción continua del sistema; *"...Por tanto, las mercancías tienen necesariamente que realizarse como valores antes de poder realizarse como valores de uso."*

Desde esta perspectiva, la venta total del producto o, más correctamente, la realización global de los valores implica pues el aseguramiento de que el sistema podrá reproducirse al reponer lo invertido inicialmente, pero da un margen amplio en el que el intercambio de valores de uso puede no corresponder al cambio de valores con respecto a su valor real, es decir, el precio puede ser diferente al valor de la mercancía. Este precio puede aún considerarse como adecuado o el comprador o vendedor puede estar dispuesto a cambiar su mercancía por un valor de uso diferente que no represente el mismo valor de cambio[50]. Pero la propuesta es precisamente encontrar las contradicciones inherentes al sistema, las cuales no se resuelven en la circulación de los capitales individuales como suponen los economistas[51].

---

independiente, y relacionados entre sí y con los hombres. Así acontece en el mundo de las mercancías con los productos de la mano del hombre. a este s a lo que yo llamo fetichismo bajo el que se presentan los productos del trabajo tan pronto como se crean en forma de mercancías y que es inseparable, por consiguiente, de este modo de producción." Ibid. Marx, Carlos...

[50] Por ejemplo, ahí donde el coste marginal sea igual al precio, lo que significa aceptar el precio de monopolio o los precios dados por la productividad internacional en un mundo dividido por países con diferentes niveles tecnológicos y de productividad.

[51] Cabe destacar que la fantasía de los hombres es especialmente apta para este tipo de "teorizaciones" ya que lo que presienten concuerda con lo que se observa a simple vista. "Por tanto, lo hombres no relacionan entre sí los productos de su trabajo como *valores* porque estos objetos les parezcan *envolturas simplemente materiales* de un trabajo humano igual. es al revés. al equiparar *unos con otros* en el cambio, como *valores*, sus diversos *productos*, lo que hacen es equiparar entre sí sus diversos trabajos, como modalidades de trabajo

Después de que los hombres adquieren el conocimiento de cuantos productos pueden intercambiarse por otros, es decir, después de que funciona la reducción de los productos a su valor al reducir a su vez el trabajo concreto en trabajo abstracto o trabajo socialmente necesario, las proporciones cambian sin que para ello intervenga la voluntad de los productores. Lo que pone en evidencia el control que ejerce el mercado sobre el individuo y que los economistas reconocen en su modelo como el supuesto de "precios dados".

Pero como decíamos anteriormente, la mercancía dinero que adquiere el carácter de equivalente general viene a confundir la noción de valor y es característico del economista asignar a la mercancía dinero un valor imaginario, confusión que ahora amenaza constantemente con el agravamiento del intercambio internacional de valores desiguales debido a que se reconoce por hoy al dólar como dinero mundial, teniendo este cada vez más un valor imaginario o deficitario con respecto al oro. Sin embargo, atendiendo a que el valor de uso del dinero se convierte en valor de cambio, es importante resaltar que entonces el diferencial del valor de cambio real con respecto al valor asignado del dinero con respecto a su uso, a la vez determinado por *la oferta y la demanda*, es una consecuencia natural y una contradicción más del concepto de valor en el capitalismo[52].

---

humano. no lo saben, pero lo *hacen*. Por tanto, el valor no lleva escrito en la frente *lo que* es, Lejos de ello, convierte a todos los productos del trabajo en jeroglíficos sociales. Luego vienen los hombres y se esfuerzan por descifrar el sentido de estos jeroglíficos, pro descubrir el secreto de su propio producto social. pues es evidente que el concebir los objetos útiles *como valores* es obra social *suya*, <u>ni más ni menos que el lenguaje</u>*" Ibídem *(subrayado mío)

[52] Aquí estaría pues de alguna manera justificada toda la teoría de la utilidad cuando los precios son tomados como valores y, asumiendo una posición analítica, aquí se encuentra el germen de una explicación de cómo el capital financiero se va adueñando paulatinamente de los otros capitales en base a

Así describe Marx la "magia del dinero" al final del capítulo dos:

"La conducta puramente atomística de los hombres en su proceso social de producción, y, por tanto, la forma material que revisten sus propias relaciones de producción, sustraídas a su control y a sus actos individuales conscientes, se revelan ante todo en el hecho de que los productos de su trabajo revisten, con carácter general, forma de mercancías. El enigma del fetiche del dinero no es, por tanto, más que el enigma del fetiche mercancía, que cobra en el dinero una forma visible y fascinadora."

En términos generales diremos que todas las implicaciones antes señaladas la mercancía se transforma paulatinamente en dinero en el transcurso de su desarrollo histórico, de tal forma que al final cualquier indicio de valor es un enigma para el "simple mortal". El dinero -mercancía patrón oro de hace algunas décadas se convirtió en un simple signo de valor bajo la tutela del poder económico, político y militar de los Estados Unidos -, en el curso de su último desarrollo, dicho signo de valor se viene acumulando en las cuentas como dinero de crédito a nivel mundial[53]. De tal forma que entender la teoría económica moderna debemos ser capaces de identificar primero el carácter fetichista de la teoría que presenta resultados empíricos del movimiento de los precios como si el mecanismo de la compraventa fuera un fin en sí mismo

una transferencia de valor por medio de una obtención permanente de plusvalor extraordinario.

[53] Cuando el dinero usurpa el lugar de la producción vendible quedan ocultas las condiciones en que se desarrolla el proceso productivo. Cuando el crédito se queda en el lugar del dinero estamos ante una intensa velocidad de rotación del capital que compromete el uso futuro de la fuerza de trabajo. Estamos ante el consumo adelantado del futuro.

y donde la "ciencia económica" termina siendo una ideología en la que se concibe entonces al ciclo de compras y ventas más importantes como lo esencial para la sociedad y su permanencia como una fatalidad que no puede eludirse[54]. Finalmente, un aspecto importante que hay que señalar de la circulación es que el continuo movimiento de las transformaciones de la mercancía en dinero y viceversa (M - D - M y D - M - D), suponen ya la posibilidad de una ruptura en la misma cadena de la circulación de mercancías, lo que significaría en los hechos una crisis del sistema.

II.II.V. La composición de valor de la mercancía.

Volviendo al análisis del valor de la mercancía y después de acercarnos a sus últimas determinaciones generales, nos queda desmenuzar elementos de diferente cualidad que al componen y sus propios determinantes. Dichos elementos son tres; esto es, los medios de producción, los cuales, dicho sea de paso, son producto de un proceso de trabajo anterior. A esta parte o componente de valor lo llamaremos capital constante (C). Marx nos explica que:

"… la parte de capital que se invierte en medios de producción, es decir, materias primas, materias auxiliares e instrumentos de trabajo, no cambia de magnitud de valor en el proceso de producción.

---

[54] Al enfocar la investigación en el movimiento de los precios queda lejos todo rastro de valor. El funcionamiento de un sistema con este criterio de investigación puede sostenerse en el entendido de que el total de los precios es igual al total del valor en el mercado, sin embargo, al entrar en escena al contradicción entre el valor y el precio mismo del dinero se entra en los terrenos de la ciencia ficción y los intentos por explicar lo inexplicable desde la perspectiva subjetiva lleva a los teóricos a refugiarse en la voluntad del individuo; al llegar a ello, el concepto de "confianza" no es más que la demostración de que en el mundo reina su contrario en el imperio de la razón capitalista: la desconfianza en que su sistema pueda reproducirse.

Teniendo esto en cuenta, le doy el nombre de parte constante del capital, o más concisamente, capital constante."[55]

Por otro lado, encontramos como elemento de valor de la mercancía a la inversión hecha en el pago de la fuerza de trabajo, este agregado de valor es consumida en el proceso de trabajo al igual que el capital constante, en su consumo se realiza su valor de uso y su valor de cambio está determinado en un rango que depende del mínimo pago para la subsistencia del trabajador y el nivel de organización y lucha de los trabajadores hasta el límite que marquen las condiciones en las cuales el capital pueda asegurar o que llamamos su reproducción, este es el capital variable (V).

Marx señala que "la parte de capital que se invierte en fuerza de trabajo cambia de valor en el proceso de producción. Además de reproducir su propia equivalencia, crea un remanente, la **plusvalía** - (tercer componente o agregado de valor en la mercancía) -, que puede también variar, siendo más grande o más pequeño. Esta parte del capital se convierte de constantemente de magnitud constante en variable. Por eso le doy el nombre de **parte variable del capital**, o más concisamente, **capital variable**. Las **mismas partes integrantes de capital** que desde el **punto de vista del proceso de trabajo** distinguíamos como factores objetivos y subjetivos, medios de producción y fuerza de trabajo, son las que desde el **punto de vista el proceso de valorización,** se distinguen en capital **constante** y capital **variable**."[56] Aquí es importante rescatar que la fuerza de trabajo -representada por V- tiene las siguientes cualidades:

---

[55] Ibid. Marx, Carlos.
[56] ibídem

a) Reproduce su propio valor (V)

b) Transfiere el valor de los medios de producción (C), al valor del producto final y

c) Crea un valor por encima de su propio valor (Pv)

Este tercer elemento representa la constante valorización del capital y, paradójicamente, a pesar de que su existencia es obvia, al mismo tiempo, sus definiciones en la teoría burguesa son de lo más oscuras.

Así, lo que algunos economistas llaman renta de la tierra, interés y ganancia, otros simplemente beneficio o utilidad, es el excedente necesario para que el capital se reproduzca y se acumule mediante el mecanismo del ahorro y la inversión. Dicho excedente ha sido objeto de diferentes análisis y suele considerarse junto con los salarios como "ingreso"[57]. De manera pues que el valor adelantado originariamente por el capitalista para producir la mercancía o las mercancías se conserva en la circulación y en el proceso de producción se valoriza[58]. Tenemos aquí que en el origen de lo que llamamos plusvalor (Pv), el cambio en el valor del dinero que se transforma en capital se encuentra en el consumo de uno de

---

[57] En dicho concepto se logra igualar cualitativamente al capital variable y al plusvalor como ingresos del trabajador y del capitalista respectivamente, es decir, se igualan de facto las condiciones materiales del capital y el trabajo. Por esta razón Marx considera como uno de sus más grandes descubrimientos al concepto de la plusvalía, el cual permite conceptualizar al excedente que se da después del proceso de trabajo.

[58] "Por vueltas y revueltas que le demos, el resultado es el mismo. Si se intercambian equivalentes, no se origina plusvalor alguno, y si se intercambian no equivalentes, tampoco surge ningún plusvalor. La circulación o el intercambio de mercancías no crea ningún valor.", Ibid, Marx, Carlos. Capítulo: mercancía y dinero.

los componentes de valor que entran al proceso de producción. El poseedor de dinero o capitalista encuentra entonces en el mercado una mercancía que es fuente de valor, cuyo consumo es el trabajo objetivo de quien vende su fuerza de trabajo y al mismo tiempo creación de valor; tal es la capacidad de la mercancía fuerza de trabajo. Tenemos entonces una formula sencilla que puede reflejarnos la composición de valor al término de la producción de la, o las mercancías: C + V + Pv

II.III El Capital

II.III.I La circulación del capital.

Con esta fórmula podemos ya imaginarnos un proceso simple de circulación: Un capitalista invierte o adelanta cierta cantidad de valor en dinero con la que compra su equivalente en mercancías aptas para entrar en un proceso de transformación que las convierte en otra mercancía con un valor superior a la suma de los valores que entran al proceso productivo; por un lado los medios de producción que desde la perspectiva del capital es capital constante y por el otro fuerza de trabajo, que desde esta misma perspectiva es el capital variable.

Es decir:

$D - M = \left(\begin{smallmatrix} FT \\ MP \end{smallmatrix}\right)...P$, que se puede representar en términos contables, como:

$D = C + V = M$, mercancías que entran al proceso de trabajo.

Siendo D capital dinerario, M las mercancías, FT fuerza de trabajo y MP medios de producción.

Hasta aquí nos encontramos a la mitad del proceso que recorre el capital dinerario. Es precisamente aquí donde se pueden obtener curvas que representen una serie de posibles combinaciones de "factores de la producción", de donde se deduce la construcción de una función de producción[59]. Puesto que el capitalista lanza su dinero a producir algo, y ese algo se tiene que devolver a su bolsillo como la cantidad de dinero que adelantó más una ganancia, es decir, el círculo se cierra en:

D - D', donde **D'** es **D+d**

La segunda mitad del proceso se refiere a la conversión de MP y FT en una mercancía nueva en venta, la cual aparece con un nuevo elemento de valor que supone el excedente. La nueva mercancía debe ser vendida para que el capitalista obtenga su

---

[59] "Una función de producción es una relación (o cuadro, o ecuación matemática) que indica la cantidad máxima de un producto que se puede obtener con un conjunto de insumos determinado, dada la tecnología o el "estado del arte" existentes. En resumen, la función de producción es un catálogo de posibilidades de producción." Teoría Microeconómica, Ferguson y Gould. FCE, Pág. 134. Cabe señalar que el estudio de la teoría marginal se inicia no en el estudio de las condiciones de la producción, sino que inicia con el análisis de la demanda y construyendo una curva de demanda que por lo demás no hace más que confundir al estudiante, puesto que es la misma función de producción en la que se plantea la existencia de un ingreso previo, utilizada para determinar las posibles cantidades de dos productos que se pueden consumir dado el mismo ingreso o presupuesto.

Lo curioso del caso es que solo se pueden combinar dos tipos de bienes, asimismo como nosotros sostenemos que en la inversión inicial el capitalista puede comprar una serie de combinaciones de dos grandes tipos de mercancías: capital constante y capital variable. La función de producción neoclásica, al negar la teoría del valor-trabajo cae en una serie de incongruencias, entre las que destaca la de carecer de una medida para las unidades de capital, tal y como lo señala Pierre Salama en su libro *Sobre el Valor* (ed. Era) en el cap. 2. Por lo demás es obvio que los principales consumidores son los capitalistas y que el consumo en este caso es el consumo "productivo", el único consumo que interesa al Capital.

ganancia y el capital su propia valorización. De tal forma que en esta segunda parte se puede representar así:

P. M' - D'

lo cual se puede cuantificar en una representación como la siguiente:

$$M' = C + V + Pv = D'$$

Tenemos entonces que:

$$D = C + V = M, y$$
$$M' = C + V + Pv = D',$$

Donde, en términos monetarios: $\mathbf{D' = D + d}$[60]

II.III.II *La Tasa de Ganancia*

De lo anterior hay que decir que hasta el momento hemos supuesto que no hay obstáculos para la realización total del valor

---

[60] En el análisis de la teoría neoclásica se vuelve a oscurecer el valor excedente o plusvalor y en su lugar se plantea la existencia de un misterioso "mapa de curvas de indiferencia" determinado por la voluntad del individuo, de acuerdo al "costo de oportunidad" o de una "tasa marginal de sustitución", el cual representa diferentes niveles de beneficio o felicidad que poco nos dicen sobre las ganancias concretas. Podemos suponer una intención de ocultar estas ganancias o la ignorancia y fatalidad que ante los ojos del burgués cobra la formación de una tasa media de ganancia global que no puede controlar más que como una decisión que el mercado toma por él en la forma de un beneficio menor o mayor de acuerdo con su capital o presupuesto o ingreso. Ferguson, ibid. pág. 40-42

de la mercancía producida puesto que se vende su total en su valor justo. Apuntado esto, haremos una disgresión importante:

Como señaláramos anteriormente; la diferencia conceptual del precio y el valor de la mercancía es esencial, ya que en la realidad concreta las circunstancias coyunturales hacen casi imposible que estos dos conceptos coincidan cuantitativa y cualitativamente en el tiempo y en el espacio[61]. Por otra parte, la formación de los precios a partir del valor de las mercancías supondría un continuo cálculo que parte del valor de los medios de producción y la fuerza de trabajo al precio de la mercancía y del precio de esta mercancía a su valor para poder calcular entonces el valor temporal de MP Y FT y, de nuevo, volver al cálculo del precio[62].

Por lo demás, el cálculo se puede aplicar a valores globales del sistema, o, en su caso, al de un circuito de capital dinerario, teniendo en cuenta que la magnitud del plusvalor es un margen de distribución dentro del cual los capitalistas administran o

---

[61] En este sentido es válido el análisis neoclásico que propone un modelo de competencia perfecta con supuestos específicos para el intercambio dentro de los marcos capitalistas más abstractos *"La competencia perfecta es el modelo económico de un mercado que posee las características siguientes: cada agente económico actúa como si los precios estuviesen dados…; el producto es homogéneo; hay libre movilidad de recursos, incluida la libre entrada y salida de las empresas productoras; y todos los agentes económicos que intervienen en el mercado poseen un conocimiento pleno y perfecto."* Ferguson y Gould, ibid. Pág 231.

[62] El debate que actualizaron los llamados neoricardianos al respecto supone la crítica añeja de Borkciewitz, donde se plantea que Marx combinó utilizó valores para el cálculo del precio y que por lo tanto dicho cálculo es inconsistente. Ni por casualidad se les ocurrió que el cálculo de valores a precios se sustenta precisamente en el cálculo continuo del valor de los elementos de la producción y que éste es un cálculo histórico que supondría una contabilidad muy diferente a la obligada por la teoría tradicional. A decir verdad, cuando mucho podríamos calcular la producción total en jornadas de trabajo y determinar un valor para el capital constante, otro para el variable que se mide en salarios y del resto identificar los gastos improductivos de los productivos rastreando los niveles de ahorro, inversión y gasto superfluo o de lujo.

aceptan desviaciones del precio con respecto al valor[63], siempre y cuando no se ponga en peligro la reproducción del sistema en su totalidad. En este proceso la reproducción de los capitales más grandes, determina su funcionamiento. Siendo además un proceso de distribución del plusvalor donde los capitales suelen quebrar o quedar fuera del juego del sistema, por efecto de la competencia.

La circulación del dinero descrita en la fórmula, supone una inversión que tiene sentido si y solo si, el dinero adelantado que representa cierta cantidad de valor que entra a un proceso de valorización vuelve en su totalidad a los bolsillos del inversionista. Si esto no sucede, el inversionista habrá fracasado y su empresa quebrado. Es decir, es necesaria una reproducción cuando menos simple de su sistema. Y esta reproducción simple del capitalista o del capital global se da cuando solo se repone el valor adelantado representado en el dinero.

Tenemos así, $C + V + Pv$, donde la suma $C + V$ representa la inversión inicial y su reposición o realización final en la venta, la posibilidad de su "reproducción simple". Al respecto el teórico burgués suele hacer trampa y definir tanto a V como a Pv como "ingreso" y siempre hablando en términos de precios y no de valor.

Es cuando se trata el asunto que le interesa al capitalista y lo que se busca es una relación que no aparece en los manuales de economía y es la que va a reflejar el rendimiento que obtiene por su inversión, es decir:

---

[63] Chalcholiades Miltiades, Ibid. Cap 4 y 5. En el capítulo 4 se describe como el país con menor desarrollo técnico tiene que ajustar sus precios a los precios internacionales si es que quiere comerciar; y en el cap. 5 se describe cómo es que la competencia monopolística resulta más provechosa debido a que *"los costos y los precios unitarios disminuyen debido a los rendimientos crecientes subyacente"* (p 123). Lo que no se señala por supuesto es que una buena parte de las ganancias monopolísticas se obtiene en la igualación de las tasas de ganancia y aún por la fuerza con medidas políticas imperiales.

$$Pv \ / (C \ + \ V) = \ g'$$

lo cual le da un porcentaje que representa su ganancia con respecto al capital adelantado, esto es una tasa de ganancia (g').

II.III.III *La Composición Orgánica de Capital*

La composición orgánica de capital (COC) nos refleja la relación existente entre el valor de cambio de la fuerza de trabajo y el capital adelantado:

$$COC = C / (\ C \ + \ V \ ),$$

Aquí es conveniente señalar que existe la posibilidad de confundir la composición orgánica de capital con la composición técnica del capital que refleja la relación **FT / (MP + FT)**, ésta es el verdadero fundamento de su composición orgánica. Pero también que esa proporción sea la misma en diversos ramos de la industria, en la medida en que el capital variable un mero índice de fuerza de trabajo y el capital constante un mero índice de los medios de producción puestos en movimiento por la fuerza de trabajo. Por ejemplo, es posible que ciertos trabajos en cobre y hierro presupongan una misma proporción entre fuerza de trabajo y masa de medios de producción. Pero puesto que el cobre es más caro que el hierro, la proporción de valor entre los capitales variable y constante se vuelve diferente en ambos casos, y con ello también la composición de valor de los dos capitales globales[64]. El

---

[64] Ibid, Marx, Carlos. Tomo III. Cap. 8

monto adecuado aproximado de la tasa de ganancia, tal y como la analiza Marx en el tercer tomo del capital está condicionada para cada capital individual o ciclo dinerario relativamente cerrado por la obtención de una tasa media de ganancia[65].

Es decir, su capacidad competitiva que permite su reproducción en las condiciones que impone el mercado nacional e internacional los cuales funcionan con una Composición Orgánica del Capital (COC) creciente determinada por los capitales más avanzados o una tasa de plusvalor extrema como la de los países subdesarrollados que intentan alcanzar en su carrera al capitalismo central. Así, si la tasa de ganancia es inferior a la media, se está transfiriendo Pv por medio de la circulación de dinero y mercancías hacia aquellos ciclos de capital que obtienen una Composición Orgánica de Capital superior y con los cuales se tiene relaciones de intercambio. Y éste diferencial en las tasas de ganancia, que se igualan en el cálculo una media estadística, es posible teóricamente debido a las diferentes composiciones orgánicas de capital (COC), y teniendo en cuenta que la circulación no crea por sí misma ningún valor, lógicamente, redistribuye el producto entre los diferentes ciclos de capital en juego. Así...

---

[65] Se ha querido refutar a Marx en el sentido de que no necesariamente se iguala la tasa de ganancia entre las diferentes empresas, ramas y países. y sin embargo la superación de dicha contradicción no los lleva a analizar el fenómeno combinando la fórmula de la tasa de ganancia con el de un hecho fehaciente, como lo es las diferencias existentes en las composiciones orgánicas de capital que se dan incluso de empresa a empresa, de una rama a otra y de país a país, resultando una transferencia constante de plusvalor de la periferia al centro. Hay sin embargo algunas construcciones hechas partiendo de la observación empírica que le dan la razón a esta explicación, tales son los teoremas de Rybksynski y el famoso teorema de Heckscher-Ohlin. En ECONOMIA INTERNACIONAL, Chalcholiades, Miltiades. Ed. Mc Graw Hill, Cap. 4. págs. 82 -88. Samir Amin en su libro LA ACUMULACION A ESCALA MUNDIAL (Ed. siglo XXI), en la sección 2 del segundo capítulo hace una interesante crítica al respecto y demuestra el intercambio desigual.

a) Si dos capitales o dos países llegan al intercambio en condiciones reales "dadas", es decir, si mantienen un nivel de técnica, composición orgánica de capital, tasa de plusvalor y tasa de ganancia iguales, el intercambio no podría ser más que de equivalentes, de otra forma quien obtuviera un valor superior al de otro en el mencionado intercambio, estaría cometiendo un robo.

b) Si existe una diferencia en la composición orgánica de capital, el intercambio forma la tasa media de ganancia con una transferencia efectiva de plusvalor del país con una menor composición orgánica de capital, siendo justo, sin embargo, dentro de la lógica del capital, la distribución de la ganancia.

c) Es otra característica del proceso la de la destrucción de una parte del valor por obra del intercambio entre capitales con composiciones orgánicas diferenciadas por la tendencia a la asimilación tecnológica.

Con respecto a las diferentes composiciones orgánicas del capital, la teoría tradicional reconoce que una "posición de equilibrio a largo plazo se caracteriza por la ausencia de beneficio; las empresas no obtienen beneficio ni perdida, sino solo un beneficio contable igual a la tasa de rendimiento obtenible en otras industrias de competencia perfecta"[66], siendo en la práctica estas últimas las que por tener una composición orgánica del capital media o una tasa de plusvalor excedente que permite la igualación de la tasa de ganancia, las que determinan el precio de mercado.

---

[66] Ibid. Ferguson y Gould, Pág 254.

Más aún, el caso del monopolio que define los precios de acuerdo a su gran poder es definido así:

"El producto se vende por coste medio de producción a largo plazo; en consecuencia, cada empresa obtiene la tasa de rendimiento "vigente" en las industrias de competencia perfecta, nada más y nada menos"[67], es decir, que con una composición orgánica de capital más alta se permite obtener un valor excedente con respecto a las que forman finalmente una tasa media de ganancia.

II.III.IV La Tasa de Plusvalor.

Hasta aquí no hemos hecho más que definir relaciones que involucran directamente al capital, nos falta clarificar las que condicionan la situación de la fuerza de trabajo. La más importante relación es sin duda la tasa de explotación o tasa de plusvalor (**Pv'**):

Pv / V,

...la cual refleja la relación entre la ganancia obtenida por el capitalista y lo que recibe el trabajador como pago. Esta relación es el fundamento del sistema; es por eso que la identificación de las formas en que se extrae ese plusvalor es esencial para conocer el desarrollo de una economía. Según la observación marxista, existen tres formas de extracción de plusvalor:

1. *La extracción de plusvalor absoluto, cuando la jornada de trabajo se extiende, manteniendo constante la intensidad del trabajo.*

---

[67] Ibid, Pág 261.

2. *La extracción de plusvalor relativo, cuando manteniendo constante la jornada de trabajo se aumenta la intensidad del trabajo, ya sea por la aplicación de tecnología más avanzada, ya sea por un aumento en la velocidad de las maquinas o por una nueva forma de organización del trabajo y...*

3. *La extracción de plusvalor extraordinario, la cual se da cuando se aumenta la intensidad del trabajo de la empresa y mientras este aumento en dicha intensidad no se generaliza.*

En lo concreto, estas tres formas se utilizan en forma diferenciada y combinada de acuerdo a los principios de la teoría del costo-beneficio, siempre en la búsqueda de participar de la mayor parte de la plusvalía generada socialmente.

De lo anterior podemos hacer la hipótesis de que, -con esto queremos decir que estos son rasgos característicos y no únicos:

a) *Mientras las formas 2 y 3 son características generales de los países centrales y que con especial interés los monopolios han cultivado la forma 3, ya sea por la fuerza o por su gran capacidad de inversión en avances científicos.*

b) *Se dejó la forma 1, destinada a los países llamados subdesarrollados o periféricos y hasta apenas hace muy poco tiempo cuando las necesidades de la acumulación por el crecimiento de la composición orgánica de capital, exigieron nuevas formas de explotación del trabajo - lo que hoy es la moda llamada "globalización".*

Observando el desarrollo lógico de las relaciones anteriormente descritas podemos adelantar que:

1. *El constante crecimiento de COC, y*

4. *La disminución relativa de V con respecto al capital global; producen*

5. *Una caída de la tasa de ganancia y*

6. *Una tendencia a acrecentar Pv' (la tasa de explotación) para intentar resarcir la baja tendencial de la tasa de ganancia* [68].

II.III.V La rotación del capital y sus tres formas.

Como señaláramos anteriormente, las relaciones g', COC, Pv' y la velocidad de rotación de capital determinan la redistribución de los beneficios en el comercio. La rotación global del capital supone tres diferentes ciclos correspondientes a las tres diferentes formas del capital: Capital en Mercancías (M), Capital en Producción (P) y Capital en Dinero (D):

1) $D - M = (^{FT}/_{MP}) ... P ... M' - D'$

---

[68] Grossman elabora en la obra citada un modelo que, no teniendo problema de realización, después del ciclo número 32 de acumulación de capital, la tasa de explotación relativa de la fuerza de trabajo se vuelve absoluta, debido a que las otras formas de extracción de plusvalor se encuentran agotadas, provocando a su vez la depauperación también absoluta de la clase trabajadora. Ibid pág. 80 - 83. Hace algunos años los resultados empíricos eran utilizados para refutar dichas afirmaciones - que muchos marxistas las desmintieron como hechas por Marx -. Hoy, la situación mundial parece que le da la razón.

2) $M = (^{FT}/_{MP}) \ldots P \ldots M' - D'. \, D - M$

3) $P \ldots M' - D'. \, D - M = (^{FT}/_{MP}) \ldots P$

Formando los tres una sola rotación compleja del capital:

$$D - M = (^{FT}/_{MP}) \ldots P \ldots M' - D'. \, D - M = (^{FT}/_{MP}) \ldots P \ldots M' - D'$$

…donde el objetivo es precisamente obtener un excedente, representado aquí como una comilla (M', D') Sin embargo, antes de arribar a la complejidad del proceso global de acumulación de capital y las particularidades que hoy caracterizan su movimiento, es necesario retomar el concepto de reproducción simple. Dicho concepto puede presentar a la producción en general como una abstracción lógica que destaque y fije realmente los rasgos comunes que representen las condiciones mínimas en las que se puede asegurar una repetición del mismo proceso. Es decir, que asegure la reproducción del sistema[69] A mi parecer los economistas buscaron una teoría útil, - no errónea como pudiera desprenderse de muchas de las lecturas marxistas, sino pragmática y con posibilidades reales para resolver problemas reales de las crisis del capital[70].

---

[69] Sin embargo, esta algo común destacado por medio de la comparación, es a su vez algo múltiplemente complejo que se descompone en diferentes determinaciones. De esta manera, así como, las lenguas más desarrolladas tienen leyes y determinaciones comunes con las más primitivas, es precisamente lo que constituye su desarrollo; lo que constituye pues la unidad del pasado con el presente y del presente con el futuro, que nos explica, paradójicamente, la posibilidad de otro modo de producción.

[70] Ya la sociología, y otras ciencias sociales estudiadas de forma separada se encargarían de ajustar a la sociedad humana a la lógica del crecimiento económico. Y el último grito de la moda, el "sistemismo" se presenta como una teoría avanzada que ya nos habla de sistemas pero que ignora la lucha de contrarios como determinante del desarrollo, que a lo mucho incluye el concepto de conflicto, pero que niega la necesidad de romper con el sistema

En este sentido, el estudio de los movimientos monetarios no es más que el seguimiento de los vaivenes del capital en general -o lo que es su representación general: como dinero-, donde unos cuantos ciclos globales de capital tratan de "eficientar" su ciclo dinerario (D - D') y donde la teoría trata de asegurar cuando menos a esos ciclos la reposición de su capital adelantado.

II.III.VI *La reproducción del capital*

Antes de plantear los esquemas de reproducción y exponer el esquema de reproducción simple utilizados por Marx, me parece importante enumerar y explicar a que se refieren los supuestos del modelo de competencia perfecta:

a) la Libre competencia

e) la producción homogénea

f) la libre movilidad de capitales

*g) la libre movilidad del mercado laboral*71

---

y en la práctica se niega a aceptar las características históricas, peculiares y específicas del "sistema" capitalista perdiéndose en particularidades diversas de la fenomenología de la realidad.

[71] Parece ser que éste supuesto es ya innecesario para los teóricos, pues los topes salariales y las fronteras entre países centrales y periféricos son cada vez más rígidos y peligrosos. Sin embargo, esta violación a sus propios preceptos está motivada por cuestiones políticas y hasta raciales y no por la "racionalidad" del mercado, pues al mantener un nivel de ingreso elevado de la población de los países centrales se provocan ciertos desajustes macroeconómicos con respecto a los precios relativos, el consumo y el déficit presupuestal. En el caso de la relación laboral México - Estados unidos, la lógica natural de los salarios, de existir la libre movilidad del trabajo, sería la de una presión a la baja en los salarios estadounidenses y quizá una tendencia al incremento de

h) el pleno empleo

i) los precios dados y

j) se supone el pleno conocimiento de las condiciones del mercado de parte de los agentes económicos.

Todos estos elementos coinciden con una situación estática donde se supone que los valores y los precios de producción y de mercado coinciden, una misma técnica, la utilización de todos los recursos sin posibilidad de crisis por exceso de la oferta y que se cuenta con toda la información necesaria para asegurar el uso eficiente de los recursos. En estos supuestos existen dos elementos flexibles que hacen posible una expansión ilimitada en la acumulación del capital, esto es, la libre movilidad de capitales y de mano de obra, los cuales suponen la libertad absoluta para que se dé la formación de un adecuado ejército industrial de reserva.

Aparentemente es clara la divergencia con la realidad de dicho modelo, sin embargo, la aplicación del modelo en las economías atrasadas o aún en un país con empresas de diferentes niveles de productividad (de COC, Pv', g' y velocidad de rotación del capital) o, para decirlo de otra forma, diferentes precios relativos, impone a los demás los intereses de las empresas que forman la media de la productividad ahí donde se aplica; de tal forma que *los que están por debajo de dichas condiciones transfieren valor a los de la composición media y a los que están por encima de la media, y*

---

los salarios en México, hasta llegar a un punto de equilibrio ; sin embargo las tesis racistas y la voluntaria política de los gobernantes mexicanos de soportar el costo económico, político y social de tal incongruencia impiden la realización de la lógica natural del sistema capitalista. Los resultados económicos de tal incongruencia, trataremos de descubrirlos posteriormente.

estos últimos obtienen un sobrebeneficio que puede ser permanente en la medida en que se sigan cumpliendo los requisitos del modelo.

A mi entender Marx considera un atino de los clásicos el estudio de la economía partiendo de condiciones dadas definidas por estos supuestos ; considera que los clásicos, entendiendo que la economía es una ciencia social requiere de condiciones que puedan mantenerse constantes o fijas, parámetros que nos permitan encontrar la esencia de nuestro objeto de estudio, condiciones que son comunes al sistema en su totalidad dentro de cierto modo de producción, como se señalara anteriormente, para explicar sus posibles cambios, cambios dinámicos que sería imposible estudiarlos partiendo de sus movimientos, partiendo de su diversidad compleja.

Este es por ejemplo el espíritu de la aparente contradicción en el análisis del supuesto de igualdad entre oferta y demanda -rechazado por Marx en principio por su falta de rigurosidad conceptual, al confundirse con la realidad, pero retomado por él metodológicamente en el tomo dos, donde habla de la circulación del capital e implícitamente incluido en el esquema de reproducción simple.

Marx plantea el problema de la siguiente manera. Puede existir un momento de la economía (entiéndase del movimiento global del capital), en el que aún sin que necesariamente se presente o se haya presentado en la realidad se dan las condiciones que permiten a esta economía seguir avanzando sin peligro a que esta quiebre o se derrumbe. Existe pues un "modelo" que explica la reproducción de la forma de producción. Existe la **REPRODUCCION SIMPLE**, la cual supone el retorno y reposición del adelanto global según su valor y el consumo total del plusproducto creado. Implica que todo aquello que se refiere al consumo debe reponerse para permitir el inicio de otro proceso igual de la producción sin existir atesoramiento y acumulación.

En este punto, coincide con la teoría clásica, en conceptos de la economía burguesa, la oferta debe ser igual a la demanda para que no existan desequilibrios y se asegure el reinicio de la producción, aunque siga repitiéndose en la misma escala.

En este sentido, lo que los economistas burgueses enuncian el dogma de que la oferta siempre es igual a la demanda mientras hay una expansión económica; a mayor oferta, mayor incorporación de fuerza de trabajo al capital que permite un mayor consumo tanto de los asalariados, nuevos y viejos, como de los capitalistas vía el plusvalor creado por el nuevo trabajo incorporado.

En los modelos burgueses basta aplicar alguna medida que desplace las curvas de oferta y demanda para volver a la situación de "equilibrio"[72]. Es precisamente en las crisis cuando la oferta es superior a la demanda y el caso que los clásicos consideraban anormal y coyuntural, ya que los movimientos de las curvas no aseguraban la vuelta al equilibrio[73].

Precisamente entre las posibilidades que se dan en el proceso de acumulación señalada por Marx, la crisis de sobreproducción de lo que posteriormente definiremos como sector II debido a que la inversión de capital de ese sector (C_{II}) sea mayor al producto $(V + Pv)_I$ Dicho de otro modo, al "ingreso" final del que definiremos

---

[72] *La Ley de la Acumulación y del Derrumbe del Sistema Capitalista.* Grossman, Henryk. 2.II y 2.III. Siglo XXI Editores. 2a. Ed.

[73] Oferta y demanda no son conceptos iguales a producción y consumo. Los últimos son conceptos más generales que abarcan incluso el consumo improductivo y la producción más insignificante. En este sentido producción y consumo siempre serán conceptos solamente separados en momentos diferentes de los hechos. Se consume cuando se produce y se produce cuando se consume, forman parte de la necesaria transformación de la materia en ciencias naturales. Para un análisis desarrollado sobre el tema ver: *Introducción a la Crítica de la Economía Política.* Carlos Marx. Cap. *"Producción y Consumo"*

como sector I o sector de la producción de los medios de Consumo, por lo que *"solo se podría compensar con una crisis catastrófica"*[74].

La oferta y la demanda son conceptos limitados a la circunscripción del capital. A la demanda que se refieren los economistas no es a la demanda de salud o de alimentos de los indígenas, o a la demanda de seguridad social de los niños de calle o de educación de la totalidad de la población, a la demanda que se refieren es a la demanda que pueda hacer posible el crecimiento del capital, una demanda que no sale de lo originado por él, la demanda que no sale de los límites del precio de costo más la ganancia, del $C + V + Pv$. A la oferta que se refieren los economistas no es a la oferta total de mano de obra o de artículos artísticos o de conocimientos, sino a la oferta que garantice la creación de la ganancia y que no interrumpa la acumulación.

La reproducción se refiere también al problema del consumo de los salarios y el plusvalor. El problema del consumo implica, como señala Marx, la realización de las mercancías por lo que se analiza el circuito de la producción de mercancías ($M - M'$, o sea $M - ...P... - M' - D'. D - M$). Esta figura exige y no solo supone el consumo del producto y entrelaza al producto global con el movimiento de los capitales individuales. Suponemos el consumo total de salarios y plusvalor (la demanda). Asimismo, suponemos que los productos se intercambian por su valor y que no ocurre revolución alguna de valor en los componentes del capital productivo, lo que implica una tasa de plusvalor, una composición orgánica y tasa de ganancia constantes. Podemos señalar de paso que el equilibrio entre oferta y demanda de un producto y el equilibrio en el intercambio de producto implica que no hay fugas de plusvalor de un productor a otro, es decir,

---

[74] Ibid. Marx, Carlos. Tomo II. Cap. XXI

que las mercancías se venden en su valor. Si nos basamos en la realidad, el producto global de la sociedad se descompone en dos grandes sectores:

I) MEDIOS DE PRODUCCION
II) MEDIOS DE CONSUMO

"En cada uno de estos sectores la totalidad de los diversos ramos de la producción pertenecientes al mismo constituyen un único gran ramo de la producción." "el capital global empleado en cada uno de los dos ramos de la producción constituye un gran sector particular del capital social"[75]

Quienes han tratado de refutar las críticas marxistas no entienden la diferencias cualitativas que suponen los conceptos de medios de producción y medios de consumo -en los primeros si nos atenemos rigurosamente a los conceptos, cabe hasta el capital gastado en educación de la fuerza de trabajo y en el segundo hasta el consumo de salarios y plusvalor en viajes y servicios por medio de la llamada industria turística-, ni les interesan debido, sobre todo, al "velo monetario", al interés de lucro. Existen una serie de industrias que dan el servicio necesario para que el capital constante o las condiciones de trabajo sean adecuadas a la reproducción, por lo tanto, se pueden englobar en gastos de conservación del capital fijo, formando parte del sector I.

En cada sector el capital se descompone en dos partes constitutivas:

---

[75] Ibid. Marx, Carlos. Tomo II

1. CAPITAL CONSTANTE (C): Valor de todos los medios de producción en el ramo, que a la vez se divide en Capital fijo y Capital circulante.

2. CAPITAL VARIABLE (V): Conforme al valor incluido en esta parte, este es igual al valor de la fuerza de trabajo social utilizada en el ramo de la producción al que se refiere, o sea igual a la suma de salarios pagados a cambio de ella.

El valor del producto global anual GENERADO en cada sector a partir del capital adelantado (C + V), se convierte al ser agregado por la acción de V un excedente, en C + V + Pv. La parte de valor C, representa el capital constante consumido, que no es igual al capital constante utilizado en la producción. Esto debido a que solo una parte del capital constante fijo es consumida en la producción y por ello solo este valor es transferido al producto. Tenemos como resultado el siguiente esquema que representa el producto social global del capital:

$$I = C + V + Pv = Iy$$
$$II = C + V + Pv = IIy$$

Si supusimos un equilibrio partiendo del consumo productivo del salario y el plusvalor, tenemos entonces que el producto total del sector II debe ser igual a la suma de $(V + Pv)_I$ y $(V + Pv)_{II}$, por lo que necesariamente, lo gastado en el sector I en salarios más el plusvalor generado en este sector, debe ser igual al valor equivalente de $\mathbf{C_{II}}$. Es decir, $\mathbf{(V + Pv)_I = C_{II}}$.

Podemos identificar aquí, tres puntos de referencia:

1. **V + Pv** de **II** se gastan en medios de consumo, por lo que su intercambio se realiza dentro del mismo sector. Lo que significa que tanto los salarios como el plusvalor generado en el sector **II** se realizan en el mismo sector. En términos monetarios, el dinero adelantado en forma salarios retorna a los capitalistas del mismo sector, lo que permite a los capitalistas de este sector realizar la plusvalía con la misma masa monetaria adelantada en salarios. El **Pv** obtenido en forma dinero depende del incremento del circulante, el cual debe contener teóricamente un valor equivalente al **Pv** real[76].

2. **V + Pv** de **I** se gastan, asimismo, en medios de consumo por lo que se intercambian por C_{II}. Este intercambio implica la una intervención más complicada del dinero que el intercambio analizado en el punto anterior.

3. Con C_I, sucede un intercambio parecido al analizado en el primer punto. Los intercambios se dan en los límites del mismo sector **I**.

En síntesis, existen tanto en dinero como en valor los elementos **C + V** y el equilibrio es perturbado necesariamente por un incremento desigual del plusvalor real con respecto al monetario. En cuanto a la circulación monetaria de los puntos uno y tres no hay mayor problema ya que en realidad, esta circulación engloba una masa innumerable de compras y ventas separadas, efectuadas por los individuos capitalistas de las dos categorías, pero en todas las circunstancias el dinero debe proceder de esos capitalistas,

---

[76] Supuesto que es difícil de cumplirse puesto que las necesidades del consumo o de la demanda obligan al incremento del circulante por encima del Pv real, es ese el pequeño defecto del keynesianismo el cual ahora hace crisis.

puesto hemos descontado ya la masa de dinero volcada por los obreros en la circulación.

Dentro del sector **II**, se efectúa asimismo otra subdivisión entre ramas de artículos de consumo de necesarios (**IIa**) y artículos de consumo suntuarios (**IIb**), estos que en última instancia se realizan a cuenta del plusvalor de los sectores I y II de la producción.

Esto se convierte en:

$$I = C + V + Pv$$
$$IIa = C + V + Pv$$
$$IIb = C + V + Pv$$

Donde:

$$C_{IIa} + C_{IIb} = (V + Pv)_I \ y$$
$$(V + Pv)_{IIa} + (V + Pv)_{IIb} = (V + Pv)_{II}.$$

Queda por definir la división dentro de los C_I de los costos del capital fijo y el capital circulante. En este caso encontramos que aún en el esquema de reproducción simple es muy endeble la situación de equilibrio en este aspecto, ya que una desviación del equilibrio entre los requerimientos del capital entre los elementos fijo y circulante del capital constante desembolsado, pueden crear una crisis de sobreproducción en alguno de los elementos a cuenta de una reproducción insuficiente del otro elemento[77].

---

[77] En la teoría moderna, la variable "cambio en inventarios", intenta medir dicha contradicción. En equilibrio o reproducción simple el dinero vuelve al capitalista con el consumo, de lo contrario se provoca inflación. ¿qué es lo que sucede en la realidad? Los precios suben y se distribuye así el plusvalor monetario en favor del capital, quedando como contraparte un exceso de mercancías no vendidas. Tienen razón los monetaristas: el equilibrio es entonces solamente monetario.

II.IV La Crisis Económica

II.IV.I Desequilibrios y crisis económicas

Como señalara Marx, la posibilidad de la crisis se da en la interrupción del ciclo de intercambio, cuando hay en existencia una mayor cantidad de productos a los requeridos por la demanda debido a que por alguna razón que se puede explicar por una infinidad de circunstancias y desequilibrios entre los posibles elementos de la reproducción, pero esto se hace más claro analizando el proceso de reproducción ampliada Entendiendo lo anterior, ahora tenemos las bases para entender el proceso complejo de la reproducción ampliada, la cual supone la acumulación del capital. Al suponer la reproducción simple nos encontramos con el único problema de que los intercambios deben hacerse efectivos. Es decir, se deben realizar en dinero los productos parciales y totales de I y II, porque de lo contrario estaríamos ante un desfase que podría significar sobreproducción por un lado y atesoramiento por el otro. Así, si todo se da tal y como lo suponemos, la oferta es igual a la demanda por lo que se realizan los productos globales de los dos sectores de la producción que caracterizan al consumo y la inversión del sistema[78]. Y que al mismo tiempo representan las dos diferentes cualidades más generales del capital.

En primer lugar, se supone que una parte del plusvalor se consume y otra se atesora o se reinvierte.

En segundo lugar, suponemos un proceso anterior de acumulación o reproducción ampliada

"...pues para poder transformar el dinero (el plusvalor atesorado en forma de dinero) en elementos del capital productivo, dichos

---

[78] La función Keynesiana: $Y = C + I$. Donde C es igual a consumo, I es igual a inversión e Y igual al producto.

elementos deben ser adquiribles como mercancías en el mercado... Solo se les paga una vez que existen, y en todo caso después que se haya efectuado, con respecto a ellos, una reproducción real en escala ampliada... Entonces, si el dinero ubicado en un lado genera en el otro la reproducción ampliada, ello se debe a que la posibilidad de la misma existe sin necesidad del dinero..."[79].

puesto que si no se inyecta más **mercancía - dinero**, sino solo signos de valor, entonces ya nadie puede estar seguro de lo que recibe lo justo a cambio de su venta, aunque todos estaremos siempre seguros de que la economía global crece y se mantiene en equilibrio.

Como es obvio, el equilibrio, al depender de las compras y las ventas unilaterales no se da más que como la hipótesis de un equilibrio posterior -desplazamiento de las curvas de oferta y demanda-, que se da mediado por la circulación monetaria y que supone también un periodo de atesoramiento[80]. Es aquí entonces, donde cobra valor práctico la teoría económica que empuja el funcionamiento económico al equilibrio. Sin embargo, esta utilización pragmática de los modelos deja de lado aspectos muy importantes, porque al entrar en el análisis de la reproducción ampliada, donde se supone la creación de un excedente **M'** y su

---

[79] Ibídem. Marx, Tomo II, cap. XXI. Aquí Marx claramente refuta el supuesto de la teoría cuantitativa de que un aumento del circulante genera por sí mismo un incremento de la producción y lo plantea más bien como su contrario

[80] "En la medida en que el equilibrio se restaura por el hecho de que el comprador se presenta después, y por el mismo importe de valor, como vendedor, y viceversa, se opera un reflujo de dinero hacia la parte que lo adelanto en la compra, que compró primero antes de vender de nuevo. El equilibrio real, sin embargo, en lo que respecta al intercambio mercantil mismo, al intercambio entre las diversas partes de producto anual, está condicionado por el importe igual de valor de las mercancías intercambiadas recíprocamente... el equilibrio solo existe en la hipótesis de que el importe de valor de las compras unilaterales coincida con el importe de valor de las ventas unilaterales" Ibídem.

necesaria transformación en **D'**, siendo que el consumo normal del "modelo" o esquema no da para dicha realización[81].

Por un lado, podemos decir que con respecto al sector I, por las características específicas de su tipo de producción, el plusproducto se puede realizar en dinero en forma gradual y con respecto al sector II, lo nuevos métodos para alargar la vida de los perecederos pueden de una u otra forma atenuar los efectos de la separación temporal **M - D**; pero de manera alguna pueden resolver el problema; pues *"...Para que se pueda operar la transición de la reproducción simple a la ampliada, pues, la producción en el sector I ha de estar en condiciones de producir menos elementos de capital constante para II, pero otros tantos elementos más para I"*[82].

Si analizamos por partes este problema y suponemos el esquema:

$$I = C_I + V_I + Pv_I \quad y \quad II = C_{II} + V_{II} + Pv_{II}$$

y suponemos la acumulación de **1/2 Pv** para cada sector. Entonces el intercambio se da:

$$(V + 1/2Pv)_I = C_{II}$$

Podemos representar el esquema ahora como:

$$I = C_I + C_{II} + 1/2Pv_I \text{ (acumulación)}$$
$$II = (V + 1/2Pv)_I + (V + 1/2Pv)_{II} + 1/2Pv_{II} \text{ (acumulación)}$$

---

[81] Es aquí donde Rosa Luxemburgo en su libro *"La Acumulación de Capital"* centra su crítica a los esquemas de reproducción de Marx y propone la existencia de un mercado *"no capitalista que permitiría la realización de dicho plusproducto en M"*.

[82] Ibídem, Marx. tomo II. XXI.

Visto así, podemos decir que -suponiendo la actitud "racional" de los "agentes económicos"-, la parte C_I se realiza en el intercambio al interior de **I**, por lo que no es necesario preocuparse por la realización de dicho producto; y que $(V + 1/2Pv)_I$ se realiza en el intercambio por C_{II}, mientras $(V + 1/2Pv)_{II}$, se realiza en la compra de medios de consumo por parte de trabajadores y capitalistas del mismo sector.

Por lo que queda por explicar la realización, o lo que es lo mismo, la conversión a dinero del plusproducto de los dos sectores (**M' - D'**); quedando desde el principio en pie una crisis por sobreproducción. Pero como todos sabemos el proceso no es tan lineal, que hay distintos ritmos y tiempos de rotación de los capitales, así como una cantidad significativa de dinero atesorado que pueden permitir la realización coyuntural de ese plusproducto. Sin embargo, aun así, tenemos que recordar que toda compra adelantada supone un posterior equilibrio si es que no se quiere acumular inventarios.

También podemos suponer que II compra todo el **Pv** a **I**, pero esto significaría un producto invendible para II. Por otra parte, la intervención del crédito y el ejército industrial de reserva pueden permitir entonces que continúe la acumulación, más no así la existencia permanente y acumulativa de un plusproducto sin capacidad de realizarse dentro de los supuestos del intercambio justo y de los dos grandes sectores de la producción globales.

El esquema de reproducción simple es el supuesto de la reproducción ampliada y un modelo de competencia perfecta supone -aunque no lo explica- además del equilibrio en términos de valor, la realización del plusproducto por efecto de la igualación de los precios al precio determinado por una composición orgánica de capital media que permite la transferencia de valor de unos capitales y ciclos de capital a otro[83]. Es decir, el modelo de competencia perfecta es más útil porque resuelve el problema de la realización al suponer el equilibrio en términos monetarios, pero esto mismo es su más grande debilidad, ya que deja de lado la diferencia cualitativa entre la acumulación en I en II, lo que no permite descubrir que habrá siempre latente el problema de la realización del plusproducto. Marx percibe lo anterior u plantea dos posibles soluciones:

1. *Se aumenta directamente V_I (capital variable en el sector I= Co) o bien...*

2. *Se da un robo de dinero entre capitalistas[84]. Hechos que efectivamente suceden en realidad.*

Si hacemos junto con Marx el ejercicio de abstracción necesario para no detenernos en la imposibilidad de la realización y suponemos una masa monetaria infinita, estaríamos generando un problema de deuda impagable, tal y como se presenta hoy con el crédito y la deuda internacional. Por otro lado, la existencia del crédito y los bancos juegan el papel de acelerador de la rotación global del capital, más no la de creadores de plusvalía; significando además una seria posibilidad de convertir ese mecanismo de "eficientización" del capital en un mecanismo artificial que perturbe su funcionamiento normal[85].

---

[83] Ibídem. Amin, Samir.

[84] lo cual se puede ocultar muy fácilmente con la intervención estatal, ya que una parte del costo de Go (el gasto del gobierno en consumo) es realizado en el sector II y subsidia CII (la compra y reposición de capital constante de ese sector).

[85] Ibídem.

Sin embargo, podríamos aceptar con Marx, que el aumento del circulante puede representar un mayor producto global siempre y cuando la mercancía-dinero -- hasta 1971 el Oro --, salga de su propio proceso productivo, como una rama más de la producción de mercancías, significando por consiguiente un aumento de su Pv y la posibilidad de su reinversión en C y V. Pero igual la necesidad creciente de capital dinerario terminaría por hacer imposible dicha acumulación, ya que no se puede sostener una producción creciente de dinero-mercancía haciendo necesario e imprescindible el supuesto de que no habrá revoluciones de valor en la producción de dicha mercancía[86].

Así los intereses deben mantenerse bajos si no se quiere que se incremente el precio del oro. Para representar esquemáticamente las diferentes posibilidades que se dan en la reproducción y acumulación del capital podemos suponer los tres diferentes casos que se pueden presentar:

1) $(V + Pv)_I = C_{II}$ (Reproducción simple).
2) $(V + Pv)_I > C_{II}$ (Sobreproducción en I).
3) $(V + Pv)_I < C_{II}$ (Sobreproducción en II)[87].

---

[86] De otra forma, mantener constante su valor, significaría una sobrevaluación constante de la moneda que se reflejaría en altas tasas de interés, siendo estas el "precio" del dinero

[87] "Equivaldría esto a una sobreproducción en II que sólo se podría compensar por una crisis catastrófica [Einen Grossen Krach], a consecuencia de la cual se transfiriera capital de II a I". Ibidem. También es importante resaltar que lo contrario se da cuando los productores destruyen su producto con el fin de sostener el precio por encima de su valor. Aquí, el capitalista realiza el valor de cambio más destruye los valores de uso transfiriendo valor en sentido inverso al descrito por Marx.

En cuanto las posiciones teóricas burguesas, podemos identificar que tuvo que existir una crisis como la del 29 para que apareciera en la escena una nueva forma de entender el desarrollo económico y que rescatará a Malthus del olvido. Keynes se dio cuenta de los errores a los que había conducido el dejar de lado, el desarrollo, tanto de la creación y acumulación del capital constante (Desutilidad marginal del trabajo), como lo que esto implicaba para la tasa de ganancia del capital. Sin embargo, como todos los modelos burgueses, y siendo estos pragmáticos, el equilibrio se sigue planteando dentro de la lógica D - D' y esquiva el problema fundamental.

En otras palabras, los esquemas marxistas plantean el problema desde la perspectiva de su producto global (M) y de sus realizaciones parciales en términos de su valor real y los modelos burgueses se abocan a solucionar el problema de la realización -desde la perspectiva del dinero que tiene que volver con un excedente a los bolsillos de sus dueños-, no importando si para ello hay que hacer que intervenga el estado para que los subsidie o robar; el objetivo es aumentar la tasa de ganancia y, en consecuencia, facilitar la realización.

Así, si la reproducción no se da en forma natural por el intercambio "natural" del sistema, en la realidad debe haber forma de lograr ajustar los resultados y esto es posible gracias a la característica de equivalente general del dinero.

Como ya habíamos señalado, el modelo cambia su naturaleza como instrumento de análisis en el salto de la economía clásica a la neoclásica y en su posterior desarrollo ha venido modificándose de forma pragmática a las necesidades del capital[88]. Con Keynes, por ejemplo; ante la falta de demanda se elimina el supuesto del pleno empleo automático y ya no se considera una igualdad entre oferta y demanda, con lo que ahora ya era posible justificar la intervención del gobierno en la economía y la anulación parcial de la libre competencia. Por supuesto que Keynes creía que una profunda recesión podría hacer volver el sistema al equilibrio, pero la competencia ideológica del nuevo poder socialista en la Unión Soviética era un riesgo que no podía correrse.

Así, tenemos pues que el fenómeno descrito es característico de la reproducción ampliada y que no es abordado hasta que aparece en escena el Keynesianismo y representa el problema como el de un producto realizado mediante la ecuación:

$$Y = C + I \ldots + G!!$$

En la práctica, el modelo keynesiano permitió la expansión precisamente por el aumento del circulante; sin embargo, un análisis más cuidadoso nos puede demostrar que lo que se da no solo y simplemente un incremento de la masa dineraria, sino que este incremento supone una redistribución del ingreso gracias al proceso inflacionario, y enseguida una reorientación de esos recursos, que de otra manera quedarían atesorados, a la economía "real", provocando por esta razón un "efecto multiplicador".

---

[88] La programación de la economía, tan subrayada por Mandel, sólo fue una reacción ciega ante las incontrolables leyes del movimiento del capital. La crisis, siempre latente, se ha agudizado a últimas fechas sin poder ser enfrentada por los viejos instrumentos a disposición, como la intervención estatal. La inflación, cuyo fin consistía en acabar con la desocupación, se ha convertido en inflación acompañada de una desocupación masiva; la planificación internacional de las inversiones se ha transformado en una guerra sin cuartel entre los capitales nacionales. El "capitalismo tardío" se presenta como el capitalismo de siempre, cuyo único destino es su desaparición histórica. *Crítica de la Teoría Económica Contemporánea*. Mattick, Paul. Ed. Era

La función keynesiana consumo más inversión (C + I) es la representación de la necesidad de la realización de C + V más una parte del plusproducto global. En dicha función se incluye al gobierno (G) como un mecanismo de equilibrio con la capacidad de visualizar el desequilibrio ya sea en I o en II (Inversión o Consumo). Esta adición no es más que:

1. *Una forma de redistribución de plusvalor (robo entre capitalistas o del gobierno a los capitalistas al perturbar el funcionamiento normal de los precios relativos) o,*

2. *Una disminución del valor de V que automáticamente se convierte en dinero en manos del gobierno para equilibrar la realización en I o en II, o para reducir los costos de los capitalistas y facilitando así su reproducción por medio de la inflación que genera deuda del gobierno - y por lo tanto de la sociedad, entendiéndola como los capitales menores, los trabajadores y los sectores no capitalistas -, al capital.*

Por el lado del consumo el gobierno equilibra la sobreproducción generando empleos que consuman sin producir y por el lado de la inversión fomentando la creación de nuevos capitales.

Sin embargo, no se hace más que alargar la agonía del modelo; ya que, si bien por un lado se crea un mercado adicional (+ G) para la realización, por el otro se generan: a) un aumento permanente del crédito y la deuda y b) una aceleración en la formación de capital y por lo tanto mayores condiciones para una sobreproducción. Dicho de otra forma, se da una ampliación de C + V pero dependiente del crecimiento constante de la deuda pública - y ahora también privada.

El desarrollo del pensamiento keynesiano nos describe un proceso económico donde en base al "precio del dinero" (tasa de interés), la producción global y el salario - obtenido a su vez de un análisis de oferta y demanda de mano de obra, es decir de la formación de un precio mínimo de la fuerza de trabajo -, nos construimos una curva IS que combinada con una curva de oferta demanda de dinero (LM), que nos da un punto de equilibrio entre el producto y la circulación monetaria. Esta nos propone la liquidez necesaria para C y para I y "eficientiza" o hace "racional" la asignación de capital por medio de la tasa de interés de equilibrio.

Este equilibrio, por supuesto es una media formada por los capitales dominantes en la economía. Ante el agotamiento de dicho modelo, se planteó la posibilidad y la necesidad de un equilibrio con desempleo, que no es otra cosa que bajar la media de los niveles de productividad con el objeto ampliar la banda o el rango de los capitales que soporten los requisitos de productividad del mercado, logrando en la práctica un sobreprecio aún mayor para los capitales más productivos. También es cierto que una capa considerable de capitales transfiere más valor del normal por efecto del aumento de los precios, hacia aquellos capitales a costa de una reducción de la producción y de la "competencia" de los capitales que, a pesar de aparentemente se facilitan las condiciones para sostenerse en el mercado, pierden el propio por la reducción del empleo global.

Es pues que el fenómeno de estancamiento e inflación está dado por un lado por este equilibrio con desempleo, y por otro, por el agotamiento de la intervención estatal dentro de los límites de la reproducción del sistema del capital privado[89]. Como vemos,

---

[89] Para un análisis inicial y comparativo de la teoría Keynesiana desde la perspectiva marxista, revisar *Marx y Keynes (Los Limites de la Economía Mixta)*. Mattick, Paul. Ed. Era.

asistimos a una creciente desviación de los precios con respecto a los valores y, sin embargo, una determinación cada vez mayor del valor de los productos sobre el sistema en su totalidad, profundizando continuamente la contradicción capitalista. Es por esta razón que los resultados del debate que a finales de los años sesenta se dio entre neoricardianos y neomarxianos, con respecto a la transformación concluye que los precios no se pueden derivar ahora de los valores ya que los supuestos que se requieren son impracticables - quizá, si se incluyera en el análisis la intervención estatal y el efecto de esta en la determinación de los precios relativos disminuya la diferencia cuantitativa entre las categorías valor y precio, sin llegar, por supuesto, a su igualación [90].

II.IV.III *La tendencia descendente de la tasa de ganancia*

Hasta aquí se ha dejado planteado el problema de la realización por Marx y en su libro tercero, donde analiza el proceso global de la producción capitalista incluye un problema que planteó Ricardo a su manera, el de la tendencia descendente de la tasa de ganancia. Para este clásico, la disminución de la renta de la tierra conforme se ocupaban tierras menos fértiles auguraba un futuro no muy promisorio para el desarrollo del capitalismo. Malthus "desanda lo andado" y enfoca el problema tal como hoy se conoce, como una falta de demanda. Los marginalistas dan fe del mismo problema al aplicar el razonamiento de Ricardo a una función general de utilidad marginal y Keynes por su parte incluye en

---

[90] Y de todas maneras no resulta más que un análisis unilateral desde el punto de vista cuantitativo del valor de cambio que olvida el carácter cualitativamente diferente de las mercancías relativas y el equivalente, del doble carácter de valor de cambio y valor de uso del dinero. Para un análisis pormenorizado revisar a Pierre Salama, *"Sobre el Valor"*. Serie popular Era

su análisis una variable que también da cuenta, a su modo, del fenómeno cuando habla de la "desutilidad marginal del trabajo", donde plantea que hay un momento del proceso económico en que el aumento de una unidad de trabajo tiene como resultado una tendencia negativa en la tasa de crecimiento económico.

Con mucho, el análisis marxista es el más rico, sobre todo porque el problema planteado a largo plazo, tal y como lo pensó Ricardo ha sido olvidado de las discusiones académicas, y solo se ha retomado unas cuantas veces en el posterior desarrollo del pensamiento teórico. La argumentación de dicha ley se basa en la obvia "mecanización" progresiva del proceso, donde el capital constante crece proporcionalmente con respecto al variable, por lo que la tasa de ganancia (g') puede expresarse en términos de la tasa de plusvalía y la composición orgánica de capital:

$$g' = pv' \, (1 - COC)$$

De donde se sigue que, "si suponemos que la tasa de plusvalía (pv') es constante, la tasa de ganancia (g') varía en sentido inverso a la composición orgánica de capital. En otras palabras, si COC sube, g' tiene que bajar." Finalmente, diremos brevemente que el aumento constante de Composición Orgánica de Capital (COC) que provoca una tendencia descendente de la tasa de ganancia (g')[91] es la otra cara de la moneda del problema de la realización, o dicho de otra forma: su sustento; puesto que podemos enfocarlo desde la perspectiva de que es precisamente la parte de C invendible representada en una parte del plusproducto (M'), y esto no es más que la falta de producción de un plusvalor especial por ser plusvalor en D que permita realizar el plusproducto.

---

[91] *El Capital.* Marx, Carlos. Tomo III. Sección tercera. Ibid. Grossman, Henryk. En 2. VII y 3

Resumiendo, el capital ha encontrado en la teoría económica burguesa medios prácticos para resolver el problema de la realización y de la tendencia descendente de la tasa de ganancia. Por un lado, el análisis concerniente a los mecanismos atenuantes la baja tendencial de la tasa de ganancia -que han sido ya tocados de manera exhaustiva[92] -, y por otro el mercado adicional formado por el mecanismo de formación de los precios[93] nos dan elementos para identificar dichos mecanismos a luz del análisis marxista.

La acumulación segmentada por países y, o más correctamente, por ciclos particulares del capital, debe incluir en el análisis de las causas que contrarrestan la tendencia descendente de la tasa de ganancia, como el aumento de la velocidad de rotación del capital y el acortamiento de los tiempos de circulación, así como las revoluciones tecnológicas, la intervención estatal, el crédito internacional y el incremento de la demanda global por efecto de esta intervención, el comercio internacional y la desvalorización de las economías atrasadas.

Este será el propósito del capítulo tres. Al respecto habría que señalar dos cosas;

> *1. Este espejismo se ha logrado mantener gracias a elementos como el crédito, la característica actual de la circulación monetaria (en este sentido se puede entender el auge de los monetaris-*

---

[92] Ibidem. Grossman. Ibídem. Marx. Critica de la Economía y la Política. López Díaz Pedro. Imperialismo y Ley del Valor. Guillén Arturo. El Fin de la Prosperidad. Morris, Sweezy y Magdof. Critica de la Teoría Económica Contemporánea y Marx y Keynes. Mattick Paul. Teoría del Desarrollo Capitalista y el Capitalismo Moderno. Sweezy, Paul M. Las Teorías de la Acumulación. Sokolinsky, Z. V.

[93] Ibídem. Salama, Pierre. Ibídem. Amin, Samir. Ibid. Marx, Carlos. Tomo III. sección segunda. *Gundrisse.* Marx, Carlos. *Tiempo de circulación: valorización y desvalorización.*

tas), la extracción creciente de plusvalor relativo –el explosivo avance tecnológico y de reingeniería son ejemplos concretos- y ahora absoluto (tiempo de trabajo excesivo), las característi-cas actuales del ejercito industrial de reserva (lo cual se conoce como desempleo y/o economía informal) y...

2. *La creciente diferencia entre precios y valores, incluso las manipulaciones de los precios relativos de las monedas y las tasas de interés a nivel mundial que facilitan los intercambios desiguales entre los países desarrollados y subdesarrollados...*

...estos elementos, a mi entender permiten la existencia del "equilibrio" del capital o de los ciclos del capital que ahora determinan la existencia de un equilibrio general o de la reproducción del sistema.

"El modelo monetarista es esencialmente católico, mientras que el sistema crediticio es esencialmente protestante. "The Scotch hate gold" ("los escoceses odian el oro"). Pero, así como el protestantismo no se emancipa de los fundamentos del catolicismo, tampoco se emancipa el sistema crediticio de su base, el sistema monetarista."

MARX, T - III, IBÍDEM, PÁG. 763.

"El desarrollo del sistema crediticio se lleva a cabo como reacción contra la usura...no significa ni más ni menos que la subordinación del capital que devenga interés a las condiciones y necesidades del modo capitalista de producción...Cuanto más capaz sea la clase dominante de incorporar a los hombres más eminentes de las clases dominadas, tanto más sólida y peligrosa será su dominación.
Por ello, en lugar de partir del anatema contra el capital que devenga intereses en general, los iniciadores del sistema crediticio moderno parten, a la inversa, de su expreso reconocimiento."

IBÍDEM. PÁG. 773 -774 -775

"(el sistema crediticio) ... por una parte es fuerza impulsora de la producción capitalista, del enriquecimiento por explotación del trabajo ajeno, hasta convertirlo en el más puro y colosal sistema de juego y fraude, restringiendo cada vez más el número de los pocos individuos que explotan la riqueza social, mientras que por la otra parte constituye la forma de transición hacia un nuevo modo de producción..."

IBÍDEM. PÁG. 569

CAPÍTULO III. EL DINERO; LA DIALÉCTICA DEL CAPITAL EN SÍ.

III.I Punto de partida

DETERMINAR EL PUNTO PARTIDA DE UNA INVESTIGACIÓN EMPÍRICA requiere de una solidez conceptual rigurosa toda vez que el conocimiento científico no es precisamente un registro de hechos cuantificables sino un proceso lógico de abstracción que se acerca continuamente a lo concreto en base a la experiencia empírica. En este sentido, lo desarrollado hasta el capítulo anterior fue el marco teórico inicial que nos da la pauta lógica para el análisis pero que es insuficiente para determinar con claridad las variables a seguir. Por otra parte, la interpretación de los datos requiere de una definición teórica más específica que va determinar el resultado de la investigación; por esta razón es indispensable profundizar en las contradicciones de los conceptos y esforzarnos por hacer un acercamiento más nítido de la realidad concreta[94]. Nosotros

---

[94] Al respecto Paul Mattick declara "La comprobación de las leyes teóricas del desarrollo debe ser realizada empíricamente. Contra esto no tenemos nada en contra, pero ¿en qué se basa la comprobación empírica?...", aunque luego afirma "no se puede hablar de una comprobación cuantitativa empírica de la teoría marxista del desarrollo, ya que en el capitalismo no es posible obtener ni predecir el conjunto de datos empíricos para tal comprobación...No se puede comprobar estadísticamente el conjunto de las consecuencias de la producción de valor y plusvalía, mientras el capital esté en condiciones de superar sus contradicciones inmanentes a través de la acumulación acelerada" (Mattick, , Paul. Critica de la Teoría Económica Contemporánea. Ed. ERA, serie "El hombre y su Tiempo", 1980, p-90) Al respecto creo que esto es verdad hasta cierto punto, ya que los datos no son específicamente los requeridos para el análisis, pero también es cierto que es necesario buscar la contrastación de los datos con la realidad y apoyar la comprobación con un desarrollo teórico que nos permita avanzar en nuestra comprensión de las

contamos apenas con la certeza de que existen dos planos en los que las relaciones sociales de producción se manifiestan:

a) La producción de valores.

b) La circulación de valores.

c) Y la realización de los mismos, lo cual determina el nivel de los precios.

Desarrollamos ya el análisis de la mercancía, su producción y su desdoblamiento en la mercancía dinero; la circulación, expansión, acumulación y las condiciones de equilibrio y reproducción que se desprenden del movimiento dialéctico de los elementos o agregados de valor que contiene.

Asimismo, mantuvimos un constante análisis comparativo con algunos conceptos de las teorías burguesas o "positivas" donde concluimos que estos modelos utilizados en la apología del capital son herramientas prácticas que cubren las necesidades del sistema en el plano de la realización del valor, es decir en su venta final. No obstante, el plano de la producción los obliga a un desarrollo teórico que encuentre nuevos mecanismos monetarios para "planear" la producción de acuerdo a los intereses del "equilibrio" - por supuesto, los intereses de los capitales de más "peso muerto" o valor pretérito, los verdaderos consumidores y ahorradores - y de la nueva "realización" de la ganancia del capital en su conjunto, sea en el neoliberalismo o en la llamada "globalización".

---

formas teóricas que lograron en 1929 y hoy logran contener una crisis que se resiste a presentar su verdadera cara, a menos que creamos que Keynes tiene razón en su Teoría General... cuando dice que "..es una característica prominente del sistema económico en que vivimos que, aun cuando está sujeto a severas fluctuaciones en la producción y la ocupación, su inestabilidad no es violenta...sin tendencia marcada a la recuperación o al derrumbe total." Keynes, J. M. Teoría General de la Ocupación, el Interés y el Dinero. Ed. FCE.p-220

Cada ciclo económico, las nuevas técnicas llegan siempre dramáticamente a los límites que les son propios para cada fase histórica. Las verdades teóricas, consideradas ayer por el común como eternas o como dicen hoy "el fin de la historia", mueren ante el peso de las contradicciones internas del propio capitalismo. La reproducción ampliada de las relaciones de producción social del sistema y los retos de la realización privada manteniendo una tasa general de ganancia adecuada sigue siendo la contradicción fundamental que se agudiza de forma independiente a la voluntad de los "científicos sociales" y sacerdotes positivos de la sociedad moderna.

Históricamente, cuando Lenin había anunciado el deterioro objetivo del sistema en su *"Imperialismo.."* y la Luxemburgo lanzaba su consigna "socialismo o barbarie" las contradicciones del sistema eran claras; la primera guerra mundial y la crisis permanente desde los 20's reflejaban la lucha de los capitalistas por mantenerse en la competencia mundial. Rigurosamente hablando, el proceso civilizatorio del "homo sapiens sapiens" que arrancó en el iluminismo se detuvo a principios del siglo XX. Lenin desarrolló su teoría con más detalle desde el punto de vista de la del estudio científico del Estado burgués y desde la perspectiva global de la abstracción del valor, sus contradicciones expresas con el sistema financiero y las causas económicas de la guerra.

Rosa Luxemburgo intuyó, al igual que Bujarin[95], que el problema de la realización era el plano económico que unía la realidad con la teoría y debía reflejar la unidad del análisis posterior,

---

[95] Bujarin, Nicolai I. *La Economía Mundial y el Imperialismo.* Cuadernos Pasado y Presente no. 21. 5a. Edición. En esta obra el autor desenmascara los medios por los cuales los grandes capitales obtienen plusganancias que les permite apropiarse ya no sólo del trabajo ajeno propio de su capital, sino del trabajo ajeno propio de otros capitalistas y trabajo socialmente necesario en otro piases; todo ello oculto por la magia del concepto de "Precio".

por lo que no era descartable la recomposición del sistema en base a los mecanismos monetarios.

La Luxemburgo intuyó el deterioro espiritual del hombre; las hordas nazi-fascistas no esperaron mucho a su cobarde asesinato que corroboró sus más pesimistas predicciones sobre la condición política del hombre y su sistema capitalista. Es por eso que tiene sentido hoy hacer una traducción de unos a otros "lenguajes teóricos" para darnos la posibilidad de entender entrelineas las repercusiones de que se haya remontado aquella crisis del 29.

En este capítulo, nos proponemos aclarar la relación cualitativa de los conceptos y argumentar empíricamente la tendencia descendente de la tasa de ganancia definiendo las "variables" a seguir, los límites de la función del Estado como regulador de la misma favoreciendo la reproducción del sistema, límites que explican hoy la política de "adelgazamiento" del Estado por la necesidad de reducir los costos del capital.

Asimismo, pretendemos comprobar que las tendencias teóricas burguesas reflejan la necesidad de un reajuste en el sistema para asegurar su reproducción y que los obstáculos a que se enfrenta el capital para lograr ese reajuste son históricos debido a que expresan la caducidad de las relaciones sociales de producción capitalistas. En los hechos, se va haciendo obvia la necesidad de rectificar en los acuerdos monetarios de Jamaica que favorecieron –y siguen favoreciendo a pesar de la catástrofe financiera "global"-, el tipo de cambio internacional basado en el dólar.

Para el efecto partiremos de una diferenciación de los conceptos valor y precio y algunas generalidades sobre oferta y demanda que nos permitan advertir las trampas y círculos viciosos en los que eventualmente podemos caer al hacer el análisis. Inmediatamente después, continuando la argumentación diferenciamos los conceptos que pretenden utilizarse como unidades de valor que nos permiten hacer medible al sistema y pretendemos demostrar como las "unidades de trabajo homogéneo" keynesianas dependen de las necesidades del capital financiero, por lo que el sistema sigue siendo gobernado en ese modelo por los intereses del dinero.

Posteriormente ubicaremos la importancia teórica y la necesidad del capital para atender la igualdad ahorro-inversión supliendo la igualdad oferta-demanda en la inteligencia de que el pleno empleo requiere de un equilibrio más específico al equilibrio clásico. Haremos también un acercamiento a la función del comercio internacional para subsanar el problema de la insuficiencia de la demanda y como la globalización termina con las potencialidades "equilibrantes" de esta función. Enseguida demostraremos el carácter inflacionario de la demanda agregada por intermediación del Estado y como el intervencionismo estatal termina convirtiéndose en un costo para el sistema que se expresa en la explosión de la deuda pública y privada que presiona lentamente hacia una "cartera vencida global".

III.II Valor y precio. Oferta y demanda de valores de uso y valor de cambio.

Es natural, que ahora intentemos encontrar a partir de la realidad de la pura teoría burguesa las bases de apoyo que más se acerquen a una contabilidad confiable.

Por nuestra cuenta, aquí ya definimos, relacionamos y construimos las variables que desde el punto de vista del valor expuso Marx (**V, C, Pv, COC, Pv', g', Sector I, Sector II**, etc.). Y solo fue hasta la exposición de los esquemas de reproducción donde inducimos el análisis monetario. Ahora debemos completar la "traducción" de las variables que nos parecen importantes para dar fundamento a nuestras hipótesis.

Primero hay que reconocer que las variables keynesianas son un intento por conceptualizar con mayor profundidad los agregados económicos que intervienen directamente en la realización final del valor. En este sentido, podemos identificar de principio que las variables Keynesianas no diferencian el valor del precio y que esta circunstancia requiere que para tomar los datos busquemos contrapesos teóricos; debemos reconocer que ésta es la contabilidad existente y podemos *auxiliarnos* de ella para seguir la tendencia descendente de la tasa de ganancia.

La igualdad valor-precio es un supuesto importante que nos permite contabilizar la oferta de valores en el mercado con los precios totales. Una diferencia de los precios con respecto a los valores significa que la realización o venta de unas mercancías imposibilite de la realización de otras[96].

En las circunstancias en las cuales se encontró el sistema entre las dos guerras mundiales, Keynes y sus contemporáneos resolvieron momentáneamente la disociación valor-precio a la que se enfrentaron y de nuevo ciñeron el crédito a los intereses del capitalismo, reconociendo que la igualdad entre la oferta y la demanda no debía constituirse en un dogma y que el precio

---

[96] Si tenemos 2 productos a, b en manos de sus productores respectivos A, B, con un valor de 10 unidades monetarias cada uno y que se intercambian entre ellos con 10 monedas que cada uno tiene; y si cualquiera de ellos logra colocar su producto en 12 unidades, es decir con un precio por encima de su valor, entonces uno de ellos quedará debiendo dos unidades de valor en el intercambio. El resultado expresa como los precios se impusieron sobre los valores, y si en vez de dos productores tenemos una multitud, donde una parte importante vende a un precio por encima del valor, seguramente otra parte venderá por debajo de su valor al comprar por encima del valor del otro producto expresándose esto monetariamente como una deuda y otra simplemente no podrá vender su producto a falta de compradores por la escasez de dinero.

de oferta podría no ser igual a la demanda realizada, es decir, aceptando que la distorsión de los precios podría tener como resultado una cantidad de valores de uso no realizados que podrían poner en problemas al sistema[97].

La solución requirió de datos monetarios con un fundamento en la producción para evitar que esta dualidad precio-valor se disparara más allá de los límites manejables. Reconocieron que la explosión crediticia precedente había inflado las posibilidades del sistema, creando una ilusión de la existencia de un capital que en realidad era capital ficticio ya que los medios de producción que existían efectivamente no podían ser utilizados realmente como capital.

Para esa época ya no era posible dejar al equilibrio automático al mercado y la igualdad oferta-demanda, así en general, era un supuesto que ya no podía sostenerse puesto que las crisis que automáticamente restablecían el equilibrio del sistema por medio de la transferencia y destrucción de valor eran cada vez más largas y desastrosas, además de que ahora se enfrentaban directamente contra un nuevo sistema político y social que se presentaba como alternativa. Cuando Keynes se propuso reformular la teoría económica reconoció tres problemas fundamentales a los que habría que enfrentarse:

a) La unidad de medida adecuada para analizar el sistema económico en su conjunto

b) Como se pueden hacer previsiones sobre las expectativas y

c) Como definir la renta.

---

[97] "Cada capital intenta ampliar la producción para obtener más ganancias y el resultado de esta expansión es la acumulación acelerada que compensa la caída del valor de cambio a través del crecimiento más rápido del valor de uso." Mattick. Ibid. "Sobre el *Capitalismo Tardío* de Ernest Mandel", p-92

Efectivamente, la falta de unidades homogéneas diferentes al dinero para contabilizar con mayor exactitud la renta era la llave que hacía falta a la economía burguesa para calcular las "expectativas".

Así la construcción neoclásica propone el análisis de cuatro mercados (bienes, trabajo, bonos y dinero) una contabilidad específica para cada uno de los segmentos económicos generales que más influyen en la formación del "equilibrio general" en el mercado capitalista. Las nuevas variables eran más apegadas a la realidad, pero sustentaron su análisis en la producción capitalista que se sustentaba en el crédito, de tal forma que la forma del capital que más expresaba el fetichismo del sistema, el capital financiero, se colocó como la necesidad primigenia de la reproducción. Y paradójicamente, la búsqueda del pleno empleo requería de la tensión de todo el crédito posible y el crédito requería entonces de las condiciones propicias para su florecimiento[98]. Esas condiciones, como afirmáramos unas líneas atrás, no podían ser las mismas, ya que el crédito privado había mostrado su límite y su carácter especulativo, se requería de un control y planeación del crecimiento económico por medio de la intervención del Estado, sobre todo en la situación de facilitación y aplicación del crédito, es decir, con "una modificación de los rendimientos relativos de los dos activos en competencia, dinero y capital"[99].

---

[98] "El máximo crédito equivale aquí (cuando se necesita una gran ocupación de capital en el proceso de reproducción) a *la ocupación más plena* del capital industrial, es decir, al despliegue máximo de su fuerza reproductiva sin tener en cuenta los límites del consumo." Marx... Ibid. T III, cap. XXX. p-621

[99] J. Fry, Maxwell. Ibid. p-6

III.III Las unidades de valor, la oferta y la demanda de dinero, trabajo homogéneo.

Como señaláramos arriba, la utilización de unidades homogéneas que permitieran llevar la contabilidad del producto fue uno de sus principales logros para resolver el nudo gordiano en que se había metido la teoría económica burguesa. Con esta nueva herramienta, el cálculo del multiplicador de la inversión y del gasto del gobierno permitía asegurar que la producción de plusvalor fuera la requerida para mantener la reproducción ampliada del sistema y que la realización del producto fuera también la requerida en términos de valor. De tal forma que una producción de plusvalor suficiente aseguraba el equilibrio[100]. Sin embargo, parece que los límites del Capital en sí, son también los límites conceptuales del burgués para sí[101]. Las "unidades de trabajo homogéneo" de Keynes no encontraron otra forma de expresión que la monetaria y la consecuente unidad permanente y forzada de la dualidad valor-precio precisamente en la unidad del sistema de contabilidad propuesto, llevándonos finalmente a

---

[100] "Mientras la tasa de plusvalía pueda ser aumentada más rápidamente que la caída de la tasa de ganancia, estas tendencias son las fuerzas motrices del proceso de acumulación, sin que su presencia sea del todo evidente...Si la explotación no puede aumentar al ritmo en que la tasa de ganancia disminuye, la dinámica capitalista se transforma en estática y atrofia el leitmotiv de la producción capitalista, la producción de capital." Mattick. Ibid, p-93

[101] "La historia del capital sería totalmente distinta si la acumulación hubiese dependido de la realización de la plusvalía por el "consumidor final" inventado por Mandel. En realidad, la acumulación siempre se ha realizado a costa del consumo qué si bien crece permanentemente, siempre se retrasa con respecto a la expansión de capital. Si bien la producción del capital constante está siempre destinada a la producción de medios consumo, esto no significa que sólo se realiza bajo la existencia de una demanda correspondiente de medios de consumo." Mattick. Ibid, p-126 (Las conclusiones de Mandel criticadas aquí son a mi parecer producto de la incertidumbre que provoca la falta de una conceptualización adecuada del papel del estado en la economía).

la serie de inexactitudes y fallas de en los datos agregados que siempre suponían dicha igualdad[102].

La "nueva" política económica logró expandir la producción, pero siempre con fundamento en la situación precedente donde las necesidades de crédito del sistema se multiplicaron por lo que la intervención de una instancia superior que concentrara el crédito en sus manos era la salida más adecuada para el capital en esa época; se expandió la producción y, consecuentemente, el crédito, ahora con las bondades que implicaba controlar la especulación y atender la "trampa de la liquidez" pero manteniendo latentes los peligros que de ello se desprendían: incremento del capital ficticio y en consecuencia de la especulación, ahora en manos del Estado.

La exposición de Keynes en el capítulo donde explica el principio de la demanda agregada no es otra cosa que una traducción consciente o inconsciente de los esquemas marxistas con sus dos sectores, y su Teoría General reconoce sin decirlo que la ganancia se encuentra en función de las circunstancias concretas en que se explota la fuerza de trabajo[103], las circunstancias dentro de las cuales se definían las "unidades homogéneas de trabajo".

En dicho modelo, el uso de un número X de trabajadores y la tasa de salarios dada (**wn**), coincide con los supuestos de Marx para construir los esquemas de reproducción; con la salvedad de

---

[102] Según a moda, en las nuevas teorías, la diferenciación entre "dinero externo" y "dinero interno" nos llevaría a encontrar la desigualdad entre medir el sistema económico en base el producto o medirlo en base al dinero. El *"dinero interno" "está respaldado por préstamos al sector privado para inversión productiva"*, mientras el *"dinero externo"* es dinero-mercancía *"cuyo valor se fija en función del precio de los artículos de consumo de primera necesidad"*, es decir, en función del precio de los medios de subsistencia y reproducción de la fuerza de trabajo. Éste *"...se expide como préstamo al gobierno; por lo tanto, no está disponible para financiar la inversión del sector privado..."* Fry...Ibid. pág. 8-9

[103] Cuando analiza en el apéndice *"Sobre el costo de uso "*, de su *Teoría General* los costos de factores y los costos de uso, y como el costo de factores y las ganancias son el ingreso total. Keynes, Ibid. p-55.

que mientras Marx se refiere a unidades iguales de tiempo de fuerza de trabajo social gastadas, Keynes se refiere a unidades de trabajo homogéneo medidas en dinero.

Marx se cuida de no confundir el problema del valor del dinero y el valor propiamente dicho y Keynes genera la confusión con un supuesto que sería correcto siempre y cuando valor y precio del dinero coincidieran[104]. Mientras en *El Capital* el dinero es el resultado final del proceso de intercambio de mercancías, aquí se vuelve una igualdad sin explicación el valor del trabajo medido en dinero.

El equilibrio del mercado laboral se hace entonces función de la oferta monetaria y la oferta monetaria dependerá de quien lanza su dinero (D) a la circulación para obtener un "beneficio" (D'). Es decir, del análisis de la unidad de cuenta primigenia se salta al precio del dinero y es este el que determina el valor del trabajo sin que antes se haya clarificado la fuente de su valor, ni su origen.

Por el camino propuesto es importante identificar que el capitalista hará un balance de sus expectativas para elegir el mercado de bienes en el cual le es más rentable, o en su caso, estará atento a la tasa de interés que se ofrece. Así las "unidades de trabajo homogéneo" son el resultado del precio del dinero y este es fijado por la tasa de interés fuertemente influida por la deuda estatal y no por su valor. Por cierto que la tasa de interés es el "precio" del capital como mercancía, y entonces es un precio fijado arbitrariamente, de acuerdo únicamente a la oferta y la demanda de dinero, de acuerdo a la competencia entre capitalistas ahora con

---

[104] Valor y precio pueden coincidir en un sistema equilibrado de oferta y demanda de un sistema de reproducción simple, no en un sistema equilibrado de reproducción ampliada, que refleja la realización del producto a la tasa de ganancia más alta posible para el sistema y que desfasa la igualdad valor-precio, aunque tiende al equilibrio matemático.

la confluencia del estado como prestamista y como acreedor[105]. Por otro lado, sabemos que:

1) La tasa de interés no puede expresar el valor o el precio del dinero ya que entonces estaríamos cayendo en la tautología de expresar el valor del dinero en dinero, confundiendo al dinero en su función de capital como capital por sí mismo tal y como lo conciben los banqueros y...

2) La tasa de interés es ganancia del capital financiero que no significa un plusvalor global aumentado, ni por tanto reproducción ampliada, sino que es pues una de las partes en que se divide el plusvalor y entra en el cálculo de la tasa media de ganancia restando plusvalor al capital industrial y comercial[106].

Constituyéndose al momento de la crisis en un costo para unos que se transfiere como ganancia para otros manteniendo igual la masa de plusvalor sin crear nueva riqueza. Por esta razón podemos ubicar al interés solo como un índice que no refleja determinantemente la situación de la tasa de ganancia, pero que si nos marca el límite mínimo objetivo de la tasa media de ganancia.

Así el pleno empleo del modelo es también una quimera reconocida que se ubica en el plano del tipo ideal que nunca llegará a verse realizado; ya que este concepto, al referirse por un lado a la utilización del capital en funciones y éste capital a la

---

[105] "El recurso de financiación mediante el déficit presupuestario proporciona otro motivo para imponer topes máximos a las tasas de préstamo; los déficits del sector público pueden financiarse a un costo tanto más bajo cuanto más difícil le resulte al sector privado competir por los fondos disponibles." Fry. Ibid. p-7

[106] Marx, Carlos. Ibid. "El interés y la ganancia empresarial". Tomo III, cap. XXIII

ocupación adecuada de fuerza de trabajo mientras no aumente su "desutilidad" o, mejor dicho, mientras no reduzca su tasa de ganancia, va hacer depender todo el sistema del equilibrio del capital financiero, capital que no es productivo por sí mismo, sino que depende de la extracción de plusvalor del capital industrial y de las tareas de la distribución y realización del mismo a manos del capital comercial.

Entonces el equilibrio que siempre se basa primero en el capital financiero es un equilibrio que supone la existencia de valores dentro de la periferia de un círculo que crece constantemente sin mirar a su contenido real, sino a su propia igualdad determinada tautológicamente. Al respecto, los nuevos liberales, quienes hacen una crítica al modelo keynesiano por "inflacionario" y los cuales que pugnan por el equilibrio natural de las tasas de interés se alejan todavía más de la realidad al abstraer de su crítica la relación entre la productividad marginal del capital y el incremento de la inversión.

Es importante reconocer que con el modelo keynesiano el trabajo obtuvo lo que yo considero un "salario social" que se expresó en las conquistas en materia de seguridad social, educación y otras prestaciones que vinieron a constituir tal y como lo desarrollaremos más adelante, un costo para el capital[107]; pero un costo que benefició momentáneamente a la expansión del capital mientras mantenía unida la cadena del sistema por medio del sistema monetario, el cual sostenía la tasa y la masa de ganancia en un nivel aceptable.

---

[107] Para lo cual es también aplicable la nota número 9 del presente capítulo, donde expresamente se asume que los recursos del Estado son medidos en medios de subsistencia y representan por lo tanto cierta cantidad de valor que no puede utilizar el capital eficientemente en su reproducción, "interrumpe el desarrollo", por supuesto, del capital privado.

Y una de las conclusiones naturales del modelo es entonces la de evitar la ruptura de la circulación monetaria que supone la disminución de la propensión del consumo - ya que el dinero adelantado para comprar fuerza de trabajo por el capitalista no volvería a sus bolsillos, consumo con crédito del estado en parte - y la preferencia por la liquidez (atesoramiento), ya que esto afecta la confianza en el sistema y rompe la cadena D-M-D' generándose una crisis global. Y por esta razón, la explicación del "paro involuntario", que tiene más bien sus raíces en el desequilibrio propio del esquema de reproducción ampliada, se da solo en términos sicológicos y la solución propuesta es manipular las variables monetarias para facilitar la realización de los capitales con más peso en el sistema, la realización del capital financiero, realización que depende de la tasa de interés y que requiere de la igualdad entre ahorro e inversión, no de la igualdad entre oferta y demanda.

III.IV La igualdad ahorro e inversión.

Posteriormente a la formulación de la función que representa cuantitativamente el mercado laboral de acuerdo a la oferta y demanda a un tipo dado de tasa de interés, los economistas burgueses se desentienden del supuesto básico del equilibrio interno del sistema, el de que la producción y oferta de bienes de producción, coincida con las necesidades de la producción y oferta de bienes de consumo[108].

Keynes mismo nos dice en su teoría general que el precio de oferta global debe ser igual al precio de demanda global,

---

[108] $I = C_I + C_{II}$ y $II = I(v+pv) + II(v+pv)$

pero nada específica sobre el intercambio entre los dos sectores productivos y, por lo tanto, lo deja al equilibrio automático de los precios, un equilibrio que no es el del intercambio de los sectores ni intercambio igual de valores.

Así en lugar del equilibrio entre sectores se propone una igualdad entre ahorro (**Sm**) e inversión (**Io**) en términos monetarios, atendiendo la producción de valor solo en la medida en que se calcula la inflación. Se reduce entonces la generalización oferta = demanda, a la de ahorro = inversión, del equilibrio general de la producción capitalista global al equilibrio de las variables que determinan la acumulación.

De esta forma la Inversión (**Io**) se define como una función determinada por la tasa de salarios y el número de empleados en la producción de bienes de producción (wn, para el sector I); y al consumo (Co) se le define como wn del sector II.

La igualdad técnica entre ahorro (Sm) e inversión (**Io**) supone un enlace constante estático de un periodo pasado a uno futuro en la producción y circulación de mercancías.

Ha desaparecido del análisis el origen de la ganancia, no hay algún sinónimo para el plusvalor (**Pv**); por lo tanto, no existe la explotación, sino la retribución justa a los factores de la producción que en el plano de la realización se presentan como consumo e inversión (Co + Io). Siendo esto así, ¿cómo se explicar el crecimiento económico? ¿cómo se obtiene el excedente para cada nuevo periodo si la inversión hecha tendría que reflejar necesariamente el próximo ahorro?

- De nuevo el "modelo" es una reproducción simple representada en la igualdad Io = Sm (o Io = I = CI + VI + PvI = CI + CII = Sm), donde el ahorro es definido como la parte del ingreso que no es consumida y, por lo tanto, el valor excedente susceptible de ser invertido.

• Por su parte, el consumo puede entonces representarse como Co = II = CII + VII + PvII = { (V+ Pv)I + (V + Pv)II }. En ambos casos, se supone que el valor del dinero es constante.

Como vemos, tenemos el ocultamiento total del plusvalor como motor del crecimiento económico. Sin embargo, como ya lo hemos visto también en el capítulo anterior, este equilibrio es irreal. Es una abstracción que no se presenta en la realidad por lo que pragmáticamente se supone un movimiento hacia la derecha de la curva de ahorro para cada periodo y se debe cuidar que esta curva nunca quede tras la curva de inversión[109] .

Nosotros podríamos proponer pragmáticamente una ecuación de ahorro que se iguale a la inversión para tratar de especificar los agregados en juego...

---

[109] Es esta una "minucia" la que va a "resolver" conceptualmente lo que Marx reconoce como la reproducción ampliada. La misma ambigüedad que existe para representar la reproducción ampliada va a ser el pecado original que promueva aberraciones como el supuesto del interés compuesto ($s = c (1 + i)$ n; siendo s la suma de capital + interés compuesto, c = al capital adelantado, i = al tipo de interés y n el número de periodos) al se deben no pocas deudas vencidas y quiebras o deudas estatales impagables; tal es también la naturaleza del concepto del multiplicador keynesiano que hace abstracción de las condiciones capitalistas reales en que se lleva a cabo la inversión, condiciones que naturalmente no se ciñen a la geometría. En este caso se demuestra como la geometría social es una abstracción demasiado simple como para dar cuenta de la complejidad de la realidad social donde los denominadores comunes se obtienen en base a datos tanto cuantitativos como cualitativos que registran los diferentes niveles de productividad y explotación del trabajo vivo cuando este entra en relación con el trabajo muerto. Es natural entonces que, si no se identifica pv y que, si la búsqueda del equilibrio se vuelve de nuevo un fin en sí mismo con esta limitante, los precios de monopolio e "imperfecciones" del mercado o "corrupción de los precios relativos" gobiernen el sistema y menos se pueda prever si el equilibrio es gracias a una nueva fuente de riqueza o a una redistribución de la ya existente o ambas cosas al mismo tiempo.

$$Sm = (C_I + C_{II}) + \{ (1/n) V + n - 1/ n) Pv\}_I + \{ (1/n) V + (n - 1 / n) Pv \}_{II}{}^{[110]}$$

*... Ahorro que para el próximo periodo será igual a **Io = (CI + CII)**,* con lo que el ahorro ex-post, se convertirá en inversión ex-ante y la reproducción ampliada se borra de un plumazo para convertirse en simple o, lo que es los mismo, el desequilibrio se vuelve equilibrio sin atender en las revoluciones de valor que se registran para cada transición de uno a otro periodo y abstrayendo de por si el valor del dinero. Así tenemos que la única diferencia de esta ecuación con el esquema de reproducción ampliada de Marx, es que nosotros no suponemos que los trabajadores consumen todo su ingreso, sino que, tal y como sucede en la realidad, una parte de sus ingresos son utilizados por el capital por medio del sistema bancario[111].

III.V Las necesidades de realización y transferencia de valor.

Atendiendo a las indicaciones del modelo macroeconómico poskeynesiano la corriente del producto debe ser igual a la corriente del ingreso, y lo paradójico es que ambos, producto e ingreso, se miden en términos monetarios, de lo que queda una

---

[110] Por otro lado, si esta ecuación es invertida obtendremos por definición el consumo: $Cm = I \{ (n - 1 / n) V + (1 / n) Pv \} + II \{ (n - 1 / n) V + (1 / n) Pv \}$

[111] De hecho, pues, esta reformulación no tiene sentido ya que finalmente el trabajador termina consumiendo sus ahorros y, en casos excepcionales, convierte esos ahorros en capital propio. Es por ello que esta expresión matemática no es más que un ejercicio simpático que nos permite, desde el punto de vista de la teoría del plusvalor, identificar los agregados económicos que los economistas burgueses conciben como consumo, ahorro e inversión.

tautología matemática (Co + Io + Go = Y = C + s + t) donde la primera parte de la igualdad representa al producto y la tercera al ingreso y los valores de uso quedan separados de la realización de los valores de cambio por lo que el aumento de los precios de unos sin que correspondan a un aumento de su valor, puede resultar también en un equilibrio matemático del sistema aunque otros valores de uso no se realicen en su valor sino por debajo del mismo o simplemente quedan sin realizarse, pasando a formar parte de los inventarios o como costos adjuntos o pérdidas.

Los hechos económicos han obligado a incluir esa parte irrealizable del producto plasmada con anterioridad en los esquemas de reproducción ampliada, donde como explicamos, el plusvalor no solo se expresa en la realización del producto, sino en una constante acumulación de plusvalor mercantil que también busca su realización en el futuro al no ser posible de forma presente.

Así la adecuación del modelo a la realidad incluye la variable "cambio en inventarios" (&inv) que refleja la importancia entre la inversión planeada y la real y que va a determinar en mucho la política económica, con lo que la ecuación del lado del producto queda **Co + Io + &inv + Go**. Esta "nueva" variable es, como dijimos, una generalización de las posibilidades que nos da el producto irrealizable del sistema en su conjunto aún y cuando la política monetaria haya planeado el equilibrio; es decir, cuando la planeación para realizar el producto que no es realizable dentro del sistema de una forma natural, y a pesar de que la política monetaria del gobierno intenta la realización de ese producto o cuando menos el control de su realización.

Esta variable es pues otra importante herramienta para guiar la inversión y el consumo futuro de corto plazo y volver al equilibrio al sistema[112]. La idea del multiplicador tiene que ver con lo anterior en la medida en que se propone un incremento de la demanda agregada por medio de la inversión estatal que a su vez supone que por medio de la realización de un mayor producto se mantendrá en curso ascendente de la inversión al sostenerse la tasa de ganancia[113]. Por esta razón la idea del multiplicador sin atender a las circunstancias del mercado mundial se constituyó como un dogma que favoreció el déficit externo.

Sin embargo, por medio del intercambio comercial internacional que forma la tasa general de la ganancia, parte de la demanda generada por el capital privado y el estado, se transfirió al extranjero, reduciendo las tasas de ganancia de los países dependientes y periféricos en el comercio con los países centrales y desarrollados, ricos.

En los años 60 del siglo pasado, con una tasa de ganancia reducida e intervención estatal excedida, la cual genera inflación y demanda que puede ser aprovechada por la iniciativa privada extranjera por medio de las importaciones. La crisis de esos países en esa época de estancamiento con inflación y su consecuente reducción de mercados encontró en la exportación de recursos financieros una forma segura de obtener ganancias vía intereses sobre la deuda.

En contraparte, en los países dependientes y periféricos[114] la intervención del estado apoyo la producción de medios de consumo, lo que configuró el papel que en la división internacional del trabajo caracterizaría a este tipo de "modelo de desarrollo". Esta característica presionaría su balanza comercial por el exceso de las

---

[112] Branson, William H. *Teoría y Política Macroeconómica*. Ed. FCE. p. 44 - 45
[113] Veremos más adelante la función del multiplicador keynesiano como la creación de fuentes nuevas de explotación de la fuerza de trabajo y de plusvalor.
[114] Y no "subdesarrollados", el cual es un concepto falso y engañoso

importaciones de maquinaria y tecnología para la producción de bienes de consumo y abarataría el valor de su fuerza de trabajo, creando, además, un ejército industrial de reserva global.

El círculo vicioso se completaba cuando la "ventaja comparativa" de los países "pobres" era el "factor trabajo" -es decir el bajo precio de su fuerza de trabajo-, y las inversiones se inclinaban más hacia la elaboración de productos de valor agregado "intensivos en trabajo"[115]. De esta forma se obtenía en realidad una tasa de ganancia más alta en los países dependientes con una composición orgánica de capital más baja combinada con una tasa de explotación alta.

A esto se sumó la negociación desigual de los precios internacionales entre ricos y pobres, lo cual ocasionó un drenaje de plusvalor adicional que mantuvo por cierto tiempo sin problemas la tasa general de la ganancia en perjuicio de los países "pobres" con una baja composición orgánica de capital[116] relativa.

En la búsqueda por apartarse lo menos posible de esta tasa general de ganancia los grados de explotación del trabajo también difieren, así como los tipos de explotación del mismo. En el campo de la tasa de explotación, la extracción del plusvalor absoluto característica de los países dependientes, intenta compensar la extracción de plusvalor relativo de los centrales quienes con una tecnología más avanzada son capaces de producir más en menos tiempo y a un menor costo por unidad producida. Sin embargo,

---

[115] Teorema de Rybckzynski.

[116] De todo ello nos explicamos cómo es que hay bases para criticar que la política de bajas tasas de interés no rinda los mismos resultados en las economías de piases pobres con la misma política en las "etapas tempranas" de los piases avanzados. "...las estructuras institucionales de tasas de interés relativamente bajas y uniformes hoy en día vigentes en muchos piases en desarrollo no coinciden con la experiencia de los piases avanzados en sus etapas tempranas de desarrollo." (Fry...Ibid, p-7). Es decir, que hay conciencia de que Rostow se equivocó en algo que todavía no descubren, pero que mientras tanto hay que experimentar con el pueblo en aras del sistema.

por definición, a una composición orgánica más alta de estos países, corresponde una tasa de ganancia más baja que se compensa con la tasa de ganancia más alta correspondiente a una composición orgánica más baja de los dependientes.

Es pues una lógica dialéctica que se expresa en las dificultades para seguir ritmos de crecimiento sostenido por parte de los "ricos" y los altos rendimientos relativos de los negocios en los "pobres". Centrales y periféricos. Es esta una experiencia histórica comprobable de acuerdo a las circunstancias concretas de cada periodo de la relación de intercambio entre economías ricas y pobres[117].

En síntesis, la combinación de las dos formas de transferencia de valor a su vez provocó la necesidad de sostener la utopía del desarrollo en base al crédito externo que en su momento debido a la falta espacios de colocación en sus países de origen fueron negociados aparentemente con bajas tasas de interés[118].

---

[117] La balanza de cuenta corriente que incluye la cuenta de capitales y la balanza comercial (X - M), juega un papel importante para seguir la realización de una parte del producto y el déficit en este rubro nos puede representar o un intercambio desigual de valores o un exceso de inversión o de consumo financiado con deuda pública.

[118] Completamos ahora la fórmula: **C + I + &INV + G + (X - M) = Y**. Que puede corresponder a los esquemas de reproducción marxistas con la variante de que se adicionan dos sectores más uno que representa a la intervención gubernamental y otro al comercio externo, pudiendo estos dos tener un resultado negativo en casos de déficit y que son virtualmente sostenidos por los dos sectores productivos (**I y II, C + I**). Naturalmente, un esquema de estas características complica la contabilidad puesto que el **Pv** total debe distribuirse entre cuatro sectores para incrementar la producción y éste, en las condiciones de los piases pobres es insuficiente para sostener por sí mismo, por lo que el exceso de capital combinado con la insuficiente tasa de ganancia nacional de los piases ricos hace que el plusvalor requiera de una redistribución por medio del comercio y los créditos internacionales que imponen condiciones de desarrollo, tanto a los países periféricos como a los piases deudores de acuerdo a los intereses de los países acreedores y los intereses financieros internacionales.

De tal forma, que debemos rescatar que la acumulación continua de un producto invendible supone:

1) La realización -por medio de un aumento en el consumo de los trabajadores- que arrastra tras de sí un incremento de la inversión en el sector de producción de bienes de consumo (I) y en el sector de la producción de bienes de producción para la producción de bienes de consumo (CII) o…

2) que transfiere valor de unos sectores a otros, por el aumento de los costos en unos y el incremento de la demanda para beneficio de otros y/o…

3) que hay una transferencia de valor de sociedades atrasadas con respecto al modo de producción capitalista desarrollado[119].

Y si nuestra hipótesis es correcta, los datos deben mostrarnos como los países con COC baja obtienen relativamente una menor cantidad de recursos del comercio exterior con respecto a la participación de la producción interna y que la cantidad relativa de recursos obtenidos en el interior es mayor a la de los "ricos" o de COC más alta con respecto al comercio externo.

Por supuesto en términos absolutos los "desarrollados" o de "primer mundo" obtienen una mayor cantidad de recursos en ambos rubros. La interrelación del capital mundial ha llegado a un nivel en el que, ahora, se puede hablar de la globalización, o lo que es lo mismo, una economía cerrada a nivel mundial. Es por ello que nosotros no haremos eco de la posición que segmenta el

---

[119] Es esta última afirmación la que defendiera Rosa Luxemburgo, sin embargo, su argumentación no dejaba de ser una intuición más que un verdadero desarrollo teórico. Este punto será desarrollado un poco más adelante

mercado mundial; aunque sin duda la violación de la ley del valor en el intercambio de los valores se agudiza conforme avanzan las necesidades de acumulación del capital que dramáticamente choca de frente con otra contradicción que es a la vez límite de este fenómeno.

Estas ganancias extraordinarias se han agotado; la crisis mundial permanente. La descendente tasa de ganancia de los países desarrollados generó al estado "benefactor", y ahora éste es un costo excedente para un capital mundial que necesita restringir los ingresos y aumentar el ahorro necesario, ese es el fondo de la teoría neoliberal.

Con la acumulación las cadenas antes nacionales, se hacen trasnacionales; y en esa medida la exigencia de un intercambio justo choca con la tradición de los intercambios desiguales descritos por los manuales de economía internacional como una combinación de curvas que expresan las diferencias de precios nacionales de los productos y que por medio de una negociación se llega al precio real del producto comerciado internacionalmente. Así el intercambio tradicional de valores que difieren del precio y que obligan a que se cumpla el teorema de Rybczynski, ahora se torna más bien en el "Teorema de la igualación de los precios de los factores"[120].

Y esto no expresa más que la expansión del capital más allá de las fronteras nacionales donde la concentración del capital reduce el número de competidores y obliga a los capitalistas a reducir sus costos ante la reducción de la posibilidad de extraer una plusganancia en el comercio provocando así la tendencia a que se igualen los precios internacionales de los productos que forman el circuito de los capitales dominantes en el mercado.

---

[120] Ver Chalcholiades, Miltiades. *Economía Internacional.* Cap." El Modelo Heckscher-Ohlin". Ed. Mc Graw Hill. P-81. Segunda edición.

Por supuesto, las formas más efectivas para reducir sus costos son a) reduciendo el valor de las mercancías que no pueden considerarse competidoras reales en el sistema "global" y b) reduciendo el valor general de la fuerza de trabajo.

Por otra parte, de acuerdo con lo dicho con Rosa Luxemburgo, también es verdad la coexistencia de otros modos de producción con el régimen capitalista, para ellos rige la misma formación media de la tasa de ganancia atenuando la tendencia descendente de la misma en el caso de la producción de mercancías para el comercio mundial. Estas sociedades hoy serían marginales si no fuera por la existencia de un modo de producción en transición al socialismo (China con un mercado de 1 500 millones de habitantes) y existe un mercado adicional que permite al capital realizar hasta cierto punto el excedente no realizable dentro de los límites del sistema.

El avance del capitalismo en China reduce esta posibilidad y agudiza sus propias contradicciones es por ello que hay una intuición cierta en la idea de que a falta de un mercado para la realización del producto es imprescindible un mercado diferente al capitalista.

Sintetizando, esta última posibilidad tiende a agotarse en la medida en que:

1) Los países pobres cada vez tienen menos producción para intercambiar en el mercado mundial, la tasa de explotación del trabajo es demasiado alta y la tasa de ganancia media interna no es suficiente para sostenerse en la formación de la tasa general de ganancia mundial.

2) Los mercados de los países socialistas se mantienen cerrados o se industrializan con los últimos avances tecnológicos participando en la competencia e incrementando la

composición orgánica de capital global. Como vemos, hoy se extingue la función de amortiguamiento del comercio internacional a la crisis en el grado en que abarca el fenómeno "globalización"[121] .

III.VI Intervención del Estado e Inflación

Si a la ecuación simplificada de Co + Io + Go asignáramos datos de valor y dinero circulante para realizar ese valor de manera estática podríamos iniciar un acercamiento que nos permita comprender básicamente el fenómeno inflacionario que se da en si por el exceso de circulante y sus consecuencias.

Supongamos un producto por comprar de 100 unidades de valor con 100 unidades monetarias en circulación. Estas 100 unidades monetarias están repartidas de la siguiente forma:

a) Suponiendo el consumo de los trabajadores como consumo total Co = 20,

b) Suponiendo que los ingresos totales del empresariado son dedicados la inversión Io = 60 y…

c) Gasto de gobierno Go = 20. Co + Io + Go = 100 unidades monetarias, con lo que las 100 unidades de valor se realizan 1 a 1.

---

[121] "Actualmente todos los síntomas de una crisis creciente muestran su faz claramente. No se puede determinar lo lejos que habrá de ir. No se excluye la posibilidad de que pueda adoptar un carácter catastrófico como la última gran crisis, aunque lo más probable sea el hundimiento lento de la economía, ya que la posibilidad de la influencia estatal aún no ha sido completamente agotada. Si bien las medidas estatales ya no son capaces de crear una nueva coyuntura, aún pueden impedir, a costa del futuro capitalista, un hundimiento rápido. Pero esta política está limitada por obstáculos insuperables, cuya localización y magnitud dependen a su vez de la envergadura de la crisis." Mattick… Ibid, p-217

Si supusiéramos que el Estado incrementa el circulante a expensas de un crédito o de la expedición de títulos de 100 a 120 unidades monetarias y además esas nuevas monedas quedan en sus manos para su consumo y que, por lo tanto, la cantidades de valor siguen siendo las mismas en el mercado; tendríamos que la relación una unidad monetaria = a una unidad de valor se ha convertido en una unidad de valor = 1.2 unidades monetarias y que por lo tanto las 20 unidades monetarias asignadas al consumo que antes se intercambiaban por 20 unidades de valor ahora se intercambian por 16.6 y las 60 monedas de I que antes valían 60 en valor, por 50 quedando 33. 3 unidades de valor susceptibles de ser intercambiadas por los 40 de dinero del gobierno. Tenemos dos resultados generales:

a) Se redistribuyó el ingreso.

En este caso en favor del gobierno y en prejuicio de capitalistas y trabajadores y generando una deuda social, y:

b) Se incrementó el nivel de precios.

Sabemos que la realidad es mucho más compleja que este ejercicio sencillo (¡pero como nos vemos tentados a hacer una analogía con la realidad actual!), en la realidad la deuda del estado se distribuye en gastos productivos o inversión o en gastos improductivos o consumo y la distribución real de estos de rubros va a determinar la ampliación absoluta del producto y el tiempo en que se manifiesta esta ampliación que de todas formas tiende al consumo improductivo como demostraremos más adelante.

En parte, el nuevo mercado fue la proposición de incrementar la demanda efectiva en base al incremento del circulante[122], proveniente de nuevas condiciones crediticias que a la vez ponen en marcha el llamado 'multiplicador". Es decir, el excedente de valor irrealizable se transformó en excedente de circulante, proveniente del crédito externo e interno.

Así se certificó en cierta forma la realización, se aseguró que los productos fueran finalmente vendidos, pero a costa de aumentar los signos de valor, por medio del crédito se creó una cuenta de valor que representa en última instancia una "inflación" de las posibilidades reales de acumulación del sistema. Al respecto, economistas como Hicks y Ohlin advirtieron en su momento el peligro de sostener la demanda y realizar el excedente incrementando al infinito el circulante[123]; aunque es explicable la posición keynesiana ya que, en efecto, el pleno empleo en el capitalismo del siglo XX es un supuesto general que había dejado de tener utilidad, y que por lo tanto era necesario un equilibrio más específico que diera cuenta con más exactitud de la tendencia de la tasa de ganancia. Ese nuevo equilibrio debía entonces registrar los movimientos de la acumulación e identificar la utilidad del nuevo plusvalor creado.

Es decir, ahora era necesario asegurar que el ahorro realmente fuera igual a la inversión para evitar el atesoramiento y la desconfianza en el sistema que provocan desequilibrios mayores a los naturales.

---

[122] Modelos de Harrod-Domar y de Expansión monetaria de Tobin.

[123] Al propio tiempo es justo señalar que la opinión de Keynes al respecto se sustentaba en la inexistencia del pleno empleo de los factores productivos y que la teoría cuantitativa de la que echaron mano sus críticos tenía sustento precisamente en el pleno empleo, pleno empleo que no era precisamente pleno empleo, sino el empleo eficiente de los recursos con los que cuenta el capital para optimizar su tasa de ganancia, sino la abstracción de las condiciones más adecuadas para realizar la tasa de ganancia más alta posible.

Sin embargo, aquí es justo señalar que la intuición que hace Ohlin sobre la lógica keynesiana del multiplicador es correcta; este *puede ser* efectivo en etapas depresivas, más no en etapas de auge.

Nosotros añadiríamos:

1. La eliminación de otras posibles formas de atesoramiento adoptadas por los capitalistas dinerarios, como por ejemplo lo que hoy se da en llamar "activos tangibles mantenidos como salvaguardias contra la inflación", o la tendencia a comprar acaparar propiedades hipotecarias y tierra; y a aumentar por lo tanto la renta de la tierra; que es, tal y como lo demostrara una tendencia descendente de la riqueza[124] y

2. Las épocas depresivas en las que el multiplicador tenía alguna utilidad conceptual, han terminado, éste ha dejado de ser el realizador automático y, por el contrario, se ha convertido en un multiplicador de la inflación aún en depresión económica.

Por ello podemos concluir que la intervención del gobierno, lo que se llama demanda agregada, la deuda pública y los movimientos que se dan en la tasa de interés por ese motivo,

---

[124] Al respecto es importante destacar la relación entre el concepto de la "renta de la tierra" como límite máximo del sistema según Ricardo y las ideas sobre la realización de Rosa Luxemburgo. Quizá Ricardo pensando en las crisis económicas y las posibilidades de salvaguardar los recursos por medio de la compra de tierra para cubrir los efectos de las crisis, encontró en la renta de la tierra el límite para dicha "salvaguarda".

tal y como se lo señalaron y se lo señalan a Keynes sus críticos burgueses, es inflacionaria.

Sin embargo, la crítica burguesa es incompleta. Ohlin criticó el hecho de que Keynes utilizara datos ex-post (ya verificados, a posteriori) para deducir una ley ex-ante (antes de verificarse, a priori), es decir, que para este economista el ahorro no podía ser siempre igual a la inversión; pero las variaciones previsibles en las acciones de los individuos en la economía ante diversas situaciones que argumentaba Ohlin se pueden anular si se considera a las variables desde su punto de vista cualitativo y no desde un punto de vista de corto plazo y puramente cuantitativo. En el caso del ahorro, se convierte tarde o temprano en inversión o consumo, depende de si es ahorro para el capital o ahorro para el trabajo, y el consumo supone una pérdida para el capital y el ahorro una perdida para el trabajo, aunque en apariencia el consumo le beneficie al capital tanto como el ahorro a la creación de empleos. Es por eso que, en la búsqueda de una explicación coherente, los conceptos de ahorro y consumo sean inadecuados para explicar las crisis u ondas largas del desarrollo capitalista.

En la lógica del capital, de su acumulación, su concentración y centralización, el incremento constante de su composición orgánica COC y la caída del empleo relativo de la fuerza de trabajo, trabajo vivo minoritario con respecto al trabajo muerto (capital constante, trabajo pretérito) y la consecuente reducción de las fuentes de extracción de plusvalor e incremento de la intensidad de explotación del trabajo que se reflejan en la tendencia descendente de la tasa de ganancia, son hechos que no necesitan de una teoría de la "incertidumbre".

Las necesidades de realización del sistema también reflejadas en la inflación redistribuyen la riqueza:

a) En favor de los capitalistas que venden a precios de monopolio

b) En favor del capital acreedor que recibe una tasa de interés de parte del gobierno

c) Contra los trabajadores por el aumento de precios

d) En parte, en contra de las empresas que ven afectadas sus ganancias por la redistribución inflacionaria

e) En parte en contra de las empresas que se ven afectadas por la sobreoferta de sus productos y

f) En contra de los contribuyentes.

En todo caso, la crítica de Ohlin sobre la falta de confianza o "incertidumbre" no es más que la inteligente intuición de la caída de la tasa de ganancia explicada en términos subjetivos o, mejor dicho, es la certeza de que contra la lógica del capital no valen teorías que no supongan la destrucción de su lógica misma. Una certeza que complica toda la comprensión del problema y deja todo al "azar" donde, sin embargo, el azar es un hecho marginal.

Para el neoliberalismo, tal y como lo advirtieran los economistas antes citados, la inflación es declarada como el enemigo número uno de la economía mundial, pero lo que Keynes y sus críticos nunca vieron, lo que estos últimos intuyeron en su críticas por violar la teoría cuantitativa, fue la desviación de los precios de mercado con respecto a los precios de producción y los valores del sistema capitalista; lo que nadie quiso aceptar fue que los valores del capitalismo fueron transgredidos para adentrarse una nueva etapa de transición a un nuevo tipo de relaciones sociales a las cuales se debe el progreso de posguerra.

III.VII La Intervención estatal e incremento de los costos de producción. El incremento de la COC en base a la deuda.

Para Keynes, la desutilidad marginal del trabajo y la insuficiencia de la demanda serían los elementos teóricos que lo llevarían a concluir que mientras la producción y el consumo no son iguales, existía una economía sin pleno empleo y, ésta, más que ser una situación extraordinaria, era una constante a lo largo de la historia económica moderna.

Keynes y otros economistas de su tiempo llegaron a conclusiones parecidas. Teóricos Marxistas, Keynes, Hicks y otros contemporáneos observaron la intervención directa en la economía que algunos estados llevaban a cabo para solucionar las graves crisis económicas de principios de siglo y concluyeron una necesaria intervención del estado; ya sea temporal o permanente. Sin embargo, las posibilidades y los límites de ese intervencionismo fueron temas poco definidos por la mayoría de los economistas y sólo algunos Marxistas como Maurice Dobb o Paul Mattick, o neoclásicos como Hicks, hicieron un llamado de atención sobre la contradicción a la que conlleva la intervención del estado en la economía capitalista. Pareciera ser que el mismo Keynes no contemplaba una intervención permanente del estado en la economía.

Esta indefinición "keynesiana" se sumó a la búsqueda de soluciones para la creciente problemática de las economías mal llamadas subdesarrolladas y originó una escuela teórica que abogaba por la necesaria y permanente intervención del estado en los países subdesarrollados para solucionar sus problemas de "demanda efectiva[125]".

---

[125] Hoy en día y desde principios de los setentas esta visión representada en la CEPAL, entró en una crisis profunda debido al desarrollo de los acon-

En la situación más simple de la intervención estatal; suponemos la función del estado como elemento particular de una totalidad con una lógica interna determinante. El estado no es un ente aislado, fuera de las relaciones internas de la totalidad económica. Los recursos que el estado utiliza y con los que cumple sus funciones provienen del propio sistema económico. Tal y como se utiliza en EL CAPITAL, aquí podemos, entonces, tratar de ubicar al estado como portador de un valor que se distribuye en el producto. Este producto en su forma más sencilla es la mercancía individual.

Pero, ¿cuándo contribuye el estado al crecimiento económico, y cuando significa un costo para el capital? ¿Qué es lo que beneficia la clase trabajadora?

Para dilucidar esto tendríamos que identificar primero al Estado dentro de los elementos constituyentes de la mercancía.

El gobierno obtiene el derecho de manipular la oferta monetaria (M) a cambio de una tasa de interés adecuada a una tasa de ganancia media que tiene como límite formal la igualdad entre tasa de interés y tasa media de ganancia, pues si aquella sobrepasará esta, la reproducción del sistema se haría imposible matemáticamente hablando.

El gobierno tiene tres canales para obtener recursos:

---

tecimientos mundiales y a la demoledora crítica neoliberal que aboga por la reducción del estado a su mínima expresión. Esta discusión se encuentra enmarcada de una serie de contradicciones que se cruzan y obstaculizan el análisis, dando pie a una serie de argumentos que, siendo válidos, no permiten diferencian los niveles y la calidad de la intervención estatal en la diversidad de las economías nacionales, desarrolladas y subdesarrolladas. Podemos señalar como ejemplo de este tipo de argumentación que se da continuamente por parte de los que abogan por la intervención estatal, que la misma economía estadounidense utilizó en la posguerra al estado para generar el crecimiento sin tomar en cuenta el mercado mundial y la composición de su mercado interno, ni su exportación e importación de capitales.

a) Impuestos

b) Empresas propias

c) Deuda interna y externa

Estos ingresos pueden entonces identificarse dentro del cuerpo de la mercancía, la mercancía se divide en capital constante, capital variable y plusvalor.

La fuente de los recursos del estado debería ser en última instancia el plusvalor social, las ganancias privadas, no importa si esta proviene en forma directa de impuestos a la forma transfigurada del plusvalor, o sea, a la ganancia del capitalista o de préstamos a potencias o instituciones extranjeras, o de los impuestos al capital variable (impuestos cobrados al asalariado) que en manos del estado se convierten finalmente en plusvalor social.

Este plusvalor en manos del estado puede convertirse en inversión o en consumo. Identificar primero si la inversión es rentable o no, nos permitirá entender los límites del concepto de la demanda agregada. Si hacemos uso de los esquemas marxistas para entender lo anterior podremos verificar que el consumo representado sobre todo por los gastos y los salarios pagados por el estado nos muestran una transferencia de plusvalor de unos capitalistas a otros que pueden ser tanto de dentro de un sistema nacional o de fuera. Es decir, al favorecer el consumo aumentando la burocracia y las oficinas gubernamentales, los capitales dedicados específicamente a este mercado reciben el plusvalor social recabado por impuestos.

Específicamente, podemos señalar que:

a) La mayoría de los salarios pagados por el estado son improductivos. Estos no generan valor y su consumo, aunque incrementa la "demanda efectiva", esta no es más que una redistribución de valor que genera un costo para el capital en general, pero para el trabajador en lo concreto.

b) Es decir, los asalariados del estado al gastar sus recursos generan la demanda necesaria para que sigan creciendo algunas empresas, esto reduce los precios al valor real de la producción, eliminando la posibilidad de la crisis por la reducción de la tasa de ganancia; así se mantiene el monto necesario de ventas para la reinversión. Sin embargo, esta política tiene como límite el déficit gubernamental[126].

[126] "El gobierno aumenta la "demanda efectiva" por medio de compras a la industria privada, financiadas bien con el dinero de los impuestos o con préstamos del mercado de capital. En la medida en que financia sus gastos con dinero de los impuestos, simplemente transfiere el dinero obtenido en el sector privado al sector público, lo que puede cambiar el carácter de la producción, pero sin aumentarla necesariamente, mientras que los empréstitos gubernamentales y el déficit presupuestal si tendrán ese efecto. El capital existe en forma "líquida", esto es como dinero o en forma fija, esto es como medios y materiales de producción. El dinero tomado en préstamo por el gobierno pone a trabajar los recursos productivos. Estos recursos son de propiedad privada y, para funcionar como capital, deben ser reproducidos y aumentados. Los cargos por depreciación y las ganancias obtenidas en el curso de la producción contratada por el gobierno - no siendo realizables en el mercado- se "realizan" con el dinero tomado en préstamo por el gobierno. Pero también este dinero es de propiedad privada, prestado al gobierno a cierto tipo de interés. Mientras que de esta forma se aumenta la producción, su costo crece como deuda del gobierno.

Para pagar sus deudas y los intereses consiguientes, el gobierno tiene que usar dinero de los impuestos, o solicitar nuevos préstamos. En otras palabras, los productos que el gobierno "compra" no son comprados realmente, sino dados gratis al gobierno; pues el gobierno no tiene que dar nada a cambio salvo su buen crédito, el que, a su vez, no tiene otra base que el poder impositivo del gobierno y su habilidad para aumentar la oferta de dinero...la deuda nacional y sus intereses, puede ser pagada solamente mediante una reducción del ingreso actual y futuro generado en el sector privado de la economía" Mattick, Paul. MARX Y KEYNES. Capítulo XIV, "La Economía Mixta". Ed. ERA.

El resultado es que al descender la tasa general de ganancia y la reducción de los ingresos para generar el ahorro ya no es posible debido al peligro de la bancarrota de la economía nacional, los gastos del estado se convierten en un costo insostenible para el capital. Por ello se lo descuentan con impuestos al asalariado. De esta forma los gastos del gobierno son sólo un acelerador ficticio del crecimiento general del capital y un aparato que redistribuye ingresos para mantener el equilibrio de las empresas con una composición de capital alta.

Lo contrario, es decir, la inversión rentable del estado encuentra sus límites en lo que se ha dado a llamar el efecto desplazamiento[127], o lo que es lo mismo, cuando el pastel de las ganancias se ve mermado por la acción gubernamental.

Sintetizando, la formula "clásica" **Co + Io** se transformó en **Co + Io + Go**, donde **Go** es igual a la intervención del gobierno y que pudiera representarse en los esquemas de reproducción como un tercer sector que interfiere con los objetivos del capital privado de dos formas contradictorias:

a) Por un lado al crear una demanda adicional cumple con el objetivo de la realización y por lo tanto sostiene la tasa de ganancia primero por un incremento del consumo en base al crédito y segundo por la generación de nuevas fuentes de explotación de fuerza de trabajo también en base al crédito y

---

[127] "...Si el gobierno comprara bienes de consumo y bienes durables con el objeto de regalarlos, reduciría la demanda del mercado privado de estas mercancías. Si las empresas estatales produjeran tales mercancías y las ofrecieran a la venta, aumentarían las dificultades de sus competidores privados al reducirse la parte del mercado que les correspondía hasta entonces. Las compras del gobierno deben caer fuera del sistema del mercado; la producción inducida debe ser suplementaria a la producción del mercado. Por lo tanto, el gobierno debe interesarse principalmente por los bienes y servicios que no tienen lugar en el mercado, o sea, por las obras públicas y los gastos de todo tipo." (Ibídem.)

b) por otra parte reduciendo la tasa de ganancia al incrementar el empleo y la competencia de los capitales en base al crédito, generando al mismo tiempo deuda e incremento de la inversión, incremento de la composición orgánica de capital y de la explotación absoluta de la fuerza de trabajo que favorece también su explotación relativa mientras la deuda sostenga el ritmo de acumulación, es decir mientras la especulación favorezca el desarrollo tecnológico.

La variable Go que por definición no debe producir un Pv alto en relación con la propiedad privada para no competir con ella por adueñarse de los diferentes sectores del mercado y que tampoco puede sostenerse con un Pv bajo, a menos que los impuestos sostengan una tendencia creciente, ya que una parte importante de su ingreso debe ser redistribuido en favor de sus acreedores.

Así se sostiene la igualdad **S = Io** y se adiciona **Go = T** (Gobierno = Transferencias) de manera tal que, en el análisis el desequilibrio en esta última igualdad refleja ya un déficit, ya un superávit de las cuentas del gobierno que sostiene sus ingresos de los impuestos prioritariamente y de las empresas estatales en segundo lugar. De tal forma que en la formación del precio de la mercancía el Estado o gobierno tiene un peso específico mucho mayor en capital constante, capital variable y costos de circulación, por lo cual, de manera global, el Estado se puede considerar como un *costo de producción del sistema*.

Desde otra perspectiva, la búsqueda de la tendencia positiva o de la igualdad monetaria inversión-ahorro-inversión que sustituye la lógica inversión-producción-realización, concluye en que la deuda estatal o social puede incrementar la demanda y el empleo de los factores productivos para subsanar en algo el cambio de inventarios no previsto en cada periodo inmediato anterior, que no es otra cosa que subsidio estatal al capital financiero tal y como lo explica Hicks[128].

Así, la intervención estatal en el mercado de bonos va a fijar un mínimo positivo adicional a la tasa de interés, el cual va alejar ésta de cero, y que representa la plusganancia o sobreprecio del capital financiero que tiende a crecer. Es éste el fundamento del principio de la demanda agregada de Keynes: un aumento anárquico del consumo para incentivar la inversión, una deuda incrementada permanentemente para pagar el crecimiento, crédito al consumo para sostener la inversión y las nuevas fuentes de plusvalor creadas con la intervención gubernamental que estaban condenadas al déficit, pues una transferencia de valor permanente les haría rondar la reproducción simple[129].

Este fenómeno fue una "labor hormiga" de la formación de la tasa media de ganancia o "equilibrio", que permitió que con cierto grado de monopolio las más grandes empresas "desangraran" a las de menor envergadura[130], sobre todo a las subsidiadas indirectamente por el Estado. En conclusión, la intervención

---

[128] En "Keynes y los clásicos una posible interpretación", *"Moneda, Interés y Renta"*. P. 144 - 152

[129] Hoy existe un importante segmento de unidades de producción e individuos que deben permanentemente y que virtualmente son empleados del capital financiero en general, pero que asumen los costos de la empresa abaratando los costos del sistema en su conjunto; en México muchos de estos individuos manejan un déficit que se torna inmanejable para ellos y para el sistema. Desde esta perspectiva es este el fundamento del atraso permanente de unos piases con respecto a otros haciendo de entrada una abstracción sobre los términos del intercambio.

[130] "Las variaciones del grado de monopolio no sólo tienen importancia decisiva en la distribución del ingreso entre trabajadores y capitalistas, sino en ciertos casos también en la distribución del ingreso entre la propia clase capitalista. El aumento del grado de monopolio ocasionado por la expansión de las grandes empresas da lugar a que las industrias en que éstas predominan absorban una proporción mayor de los ingresos totales y las demás industrias una parte menor, es decir, el ingreso se redistribuye de las empresas pequeñas a las grandes." Kalecki, Michal. TEORIA DE LA DINAMICA ECONOMICA. Ed. FCE.1984. p19.

estatal en la economía creó realidades contradictorias; por un lado, multiplicó la inversión, generó crecimiento económico y una mayor confianza en el sistema, y por otro lado provocó:

1) Una distorsión de los precios relativos.

2) Promovió el consumo suntuario, improductivo, y:

3) El endeudamiento del Estado asegurando la realización del producto en términos monetarios, pero dejando una cuenta pendiente del crédito al sistema y un incremento de la composición orgánica del capital acentuando la tendencia descendente de la tasa de ganancia.

De esta forma el Estado únicamente acelera el crecimiento económico capitalista cuando, con recursos de la sociedad, realiza obras de infraestructura que facilitan las condiciones para la producción. Dentro de estos márgenes, el estado no tiene otra alternativa -ante una tasa de ganancia insuficiente- que, o reducir su monto desde el punto de vista del costo, es decir, tal y como se ha aplicado hasta ahora una política de reducción de la dimensión económica del estado hasta reducirlo a su mínima expresión, donde se supone que jugará sólo el papel de árbitro entre los individuos pero que en los hechos han sido utilizados el monopolio del poder y la violencia organizada para favorecer los intereses económicos de capitales con nexos en el gobierno y las potencias financieras internacionales.

III.VIII Tipo de cambio y Tasa de interés.
Planeación a escala Global.

La crisis del estatismo que presentó sus primeros síntomas a principios de los 60's[131] y estalló socialmente en 1968 y económicamente en 1971 no ha podido resolverse, los índices de crecimiento de los países "ricos y desarrollados" siguen deprimiéndose a pesar del gran avance tecnológico que ha venido sucediendo de entonces a la fecha.

Hoy, en la búsqueda de soluciones encontramos con hay un viraje total en términos teóricos que pretende hacer al dinero como "sustituto perfecto" del capital y así justificar el dominio de los capitales financieros externos sobre los países en desarrollo[132].

La pugna entre las diferentes escuelas teóricas de la burguesía se polariza entre estatistas y neoliberales de acuerdo a los intereses y alianzas de subgrupos al interior de su clase, puesto que está en juego la distribución de un plusvalor insuficiente. Hasta el momento, la vuelta a un mal llamado "libre comercio", que encierra concepciones individualistas radicales que favorecen la imposición del interés financiero ocultando además la verdadera magnitud de sus objetivos. Y más que libre comercio, la corriente

---

[131] "La expansión inflacionaria en los Estados Unidos", Aglietta, Michel en "El capitalismo mundial en los ochenta". Cuadernos Políticos No. 37, Julio-septiembre 1983, p-28

[132] Viraje que paradójicamente se explica debido a que el dinero crediticio ha desplazado al dinero-mercancía y el dólar hace de sustituto perfecto del capital en cuanto a que sustituye al oro para mantener el equilibrio global del sistema a costa de secar todas las fuentes de extracción de plusvalor. Y no es una broma comparar a la necesidad de los piases por tener divisas en dólares con la maldición del rey Midas, ya que a mayor necesidad de dólares mayor "riqueza" pero, al mismo tiempo mayor pobreza. ("¡Oh país mexicano, país mío y de nadie! / Pobre país de pobres. Pobre país de ricos. / ¡Siempre más y más pobres! / ¡Siempre menos, es cierto, / pero siempre más ricos!". Efraín Huerta).

ideológica del neoliberalismo practica lo que el Dr. Alejandro Álvarez llama un comercio administrado.

Las medidas de reducción del gasto público se planean de acuerdo a las coyunturas e intereses económicos y políticos dominantes. Una es la aplicación práctica de las medidas administrativas, de política económica y de la política-política que imponen los gobiernos y otro es el papel de la planeación que se hace desde donde las instituciones de crédito mundial centralizan y concentran[133] el poder económico mundial.

La lógica del capital ha dividido al mundo en dos, el centro y la periferia, los pobres y los ricos, G7 y los demás. En este sentido y con la facilidad que brinda la tecnología del computador las nuevas plusganancias se "pasean" de un país a otro de acuerdo a la concertación mundial de tipos de interés y tipos de cambio. Si antes en teoría el equilibrio automático de la balanza de pagos restablecía los precios relativos en la medida en que lo permitía la intervención estatal, hoy los desequilibrios parecen provocarse para generar una entrada o salida de divisas que a su vez generan devaluaciones o sobrevaluaciones del tipo de cambio.

Los movimientos en las tasas de interés se acuerdan para generar la emigración del capital dinerario o para proteger a cierto país de una crisis. Así, las devaluaciones favorecen las exportaciones de mercancías y las importaciones de capital. Una devaluación es un mecanismo perfecto para reducir los costos de los países importadores de mercancías y para favorecer la compra de capitales en los países que de momento se convierten en exportadores. Viceversa, sobrevaluación es el mecanismo perfecto para realizar

---

[133] Ver "El Neoliberalismo Carioca" de Olga Ribeyro en el número de la revista "Economía Informa", Ed. De la Fac. de Economía de la UNAM. Puede considerarse que en el origen Shumpeter elaboró para ello su teoría de la conciliación de los intereses del capital.

mercancías y aumentar las ventas de los países imperialistas con problemas de realización[134] dentro de sus propias fronteras - en E.U. es un problema inflacionario.

En síntesis, esta manipulación total de los precios es posible gracias a:

1) La gran acumulación y centralización de capital dinerario y
2) Como consecuencia de la crisis y la reducción de la tasa general de ganancia que favorece al gran capital financiero.

Tenemos pues que cuando se eliminó por completo la paridad Oro-Dólar una de las condiciones de la reproducción del capital, la órbita de los precios en torno a los valores fue violada para evitar el derrumbe de la economía estadounidense y favorecer la planeación de las transferencias de valor por medio de la manipulación de puros signos de valor (dinero-crédito).

---

[134] A mi juicio es esta la trama que explica las sospechosas devaluaciones y sobrevaluaciones del peso mexicano. Mientras el peso estuvo subvaluado por medio de una devaluación continua en el sexenio de Miguel de la Madrid, se vendieron empresas estatales muy importantes; por otra parte, cuando Estados Unidos requería de un incremento de sus ventas, Carlos Salinas de Gortari mantuvo una sobrevaluación que engañó a los consumidores hasta diciembre de 1994 (por supuesto esta situación favoreció al candidato oficial en las elecciones de ese año). Hoy iniciando por Argentina, Uruguay y Brasil van cediendo valor al dólar aún y cuando es en realidad la economía yanqui la que está en verdaderos problemas. Hoy con las sobrevaluaciones y subvaluaciones abruptas manipuladas desde la Bolsa Mexicana de Valores y apoyadas por el multimillonario crédito de Estados Unidos a pesar de la recesión, se aprueba la venta de la petroquímica nacional, los ferrocarriles, algunos segmentos de la Comisión Federal de Electricidad y la privatización del fondo de jubilación.

"...los capitalistas no se reparten el mundo llevados por una particular perversidad, sino porque el grado de concentración a que se ha llegado, les obliga a seguir éste camino para obtener ganancia"

LENIN

Pertenece a los mejores y hasta hoy insuperables aportes de Marx, la demostración brindada en El Capital y en Las Teorías, según la cual las presuntas barreras "naturales" de la producción no surgen (únicamente) de la naturaleza sino de la organización social, o sea que existen barreras sociales, capitalistas.

H. GROSSMANN

"... al final de cuentas, todas estas medidas habían sido concebidas como medios para alcanzar un fin histórico, o sea, la reanimación del capitalismo avanzado mundial, restaurando altas tasas de crecimiento estables, como existían antes de la crisis de los años 70. Es este aspecto, sin embargo, el cuadro se mostró absolutamente decepcionante. En los años 70 y 80 no hubo ningún cambio significativo en la tasa media de crecimiento, muy baja en los países de la OCDE. De los ritmos presentados durante la onda larga expansiva, en los años 50 y 60, sólo queda un recuerdo lejano."

PERRY ANDERSON.

CAPÍTULO IV. FENOMENOLOGÍA DEL VALOR Y CONCEPTUALIZACIÓN DE LA CRISIS ACTUAL

IV.I Critica de los modelos.

HEMOS DEFINIDO TEÓRICAMENTE EL DESARROLLO LÓGICO E histórico del capital y las transformaciones internas de sus agregados o mejor dicho de su composición de valor; la relación entre la inversión y el ahorro, la producción y el consumo, la intervención del Estado, entre otras relaciones técnicas. Establecimos diferencias entre consumo productivo e improductivo, partiendo de la definición de los esquemas de reproducción y del concepto marxista de plusvalor.

Asimismo, establecimos la diferencia conceptual entre valor, valor de cambio y precio – origen fundamental de la teoría económica burguesa -; enunciamos la tendencia descendente de la tasa de ganancia y la tendencia al derrumbe del sistema de relaciones sociales capitalista, así como las formas que adoptan las tendencias contrarrestantes a la caída del sistema. Analizamos las contradicciones del imperialismo, la inflación, el desempleo, los costos crecientes globales, etc.

En fin, hemos argumentado que el problema de la pobreza en el capitalismo se explica en base a la organización social y que las desigualdades crecientes del capitalismo terminan por agotar las fuentes de explotación y al sistema mismo. Los modelos —esto no acaban por entenderlo los modernos y superespecializados colegas-, como tautologías que son, no explican, sino cuadran las contradicciones. Equilibrios macroeconómicos basados en el dinero tan solo alejan el pensamiento de los hechos concretos, de los medios de producción, la fuerza de trabajo y los bienes producidos y distribuidos, ocultan su desgaste, su paulatina destrucción como en el caso que analizaremos aquí.

En la economía moderna la acumulación de dinero (de papel, de plástico o simples registros en computadora), los "servicios financieros", no solo desplazan a medios productivos y seres humanos trabajando, sino que destruyen sin miramiento alguno –como corresponde al espíritu literalmente diabólico del capital- incluso aquello que obstaculiza su propia acumulación.

Para iniciar una demostración empírica con estos antecedentes, nos debemos a la obligación de proponer también una síntesis matemática; fórmula o ecuación, que nos permita el mayor acercamiento posible a la fenomenología del sistema imperialista-neoliberal tomando de todos modos como base sus números, su propia contabilidad, interesada solo en el capital en última instancia. Esto es, aún y cuando rechazamos que el capitalismo actual tenga algún compromiso "moral" con la sociedad o la humanidad, este capítulo se referirá al intento por *conceptualizar*, basados en los resultados contables de una economía real, la crisis global y su previsible decadencia y derrumbe La demostración empírica y formalización del modelo requiere una definición clara de nuestro objeto concreto de estudio. Para ello decidimos analizar el centro mismo el sistema concreto del imperialismo capitalista. En la economía nacional que históricamente es por su importancia real y peso político-económico específico ese centro: la economía estadounidense.

Apoyándonos en lo desarrollado hasta éste capítulo y para lograr nuestro objetivo; nos vemos en la necesidad -tal y como señaláramos arriba-, de deducir una ecuación matemática que nos permita "cruzar" la actual fórmula poskeynesiana de contabilidad monetaria:

$$\{ Co + Io + Go + (X\text{-}M) = PNB = Co + S + T + Rf \}$$

–Todo ello se reduce a la suma de bienes consumidos más la inversión en medios de producción (= **Co + Io** de los clásicos)-, con los esquemas de reproducción marxista:

$$(I = C_I + V_I + Pv_I) + (II = C_{II} + V_{II} + Pv_{II}) = PIB$$

Donde, en equilibrio:

$$I = C_I + C_{II,} \; y...$$
$$II = (V + Pv)_I + (V + Pv)_{II} :$$
$$\{C_{II} = (V + Pv)_I\}![135].$$

---

[135] De donde se deduce que el caso imposible del equilibrio absoluto en una economía real, es el límite del sistema. Cuando el capital constante de II (C_{II}) (es decir todos aquellos medios de producción y materias primas utilizados para la producción en el departamento II o sector económico de bienes de consumo) es igual - contienen una cantidad igual de valor, (=) - al producto de la suma de valor - representado en dinero - que se paga como salario a la fuerza de trabajo contratada, más (+) la ganancia obtenida por el capitalista del sector I (departamento de producción de bienes de producción), la cual consume totalmente. ¡Es decir, que el consumo, representado por **II = (V + Pv)_I + (V + Pv)_{II}**, debe ser siempre mayor que la inversión en medios de producción y materias primas -más o menos lo mismo que representa cuantitativamente **I = C_I + C_{II}** -, pues en cuanto la inversión tienda a ser igual al consumo, la realización del producto contendrá cada vez menos Pv, lo cual hace descender la tasa de ganancia. Y lo paradójico de esta contradicción es que el consumo no genera ganancia, sino que representa un costo para el capital global.

Teóricamente, hacia allá tiende la historia, la inversión y los costos son cada vez mayores al consumo de bienes y el ciclo del sistema del capital tiende a expandirse tanto en su propia criatura de capital muerto. Cada vez menos vida en el planeta, porque cada vez menos vida en el planeta necesita el circuito de capital. (El capital se adueña de todas las culturas y creencias y les come el espíritu en tal forma y con tal avaricia que su verdadero dios es el dinero,

Tal ejercicio, supone el análisis de ambas construcciones abstractas para lograr una "negación de la negación" matemática que nos permita observar en números lo ya expuesto teóricamente.

IV.1A. Análisis del modelo "keynesiano"

1A.1) Partir de la ecuación "clásica", para abordar el análisis más complejo de la ecuación keynesiana parece ser lo más adecuado, pues en última instancia $Y = (Co + Io)$ o, hablando en términos generales de la teoría de la contabilidad nacional el PNB es igual a la suma del consumo más la inversión. Es decir, los productos-mercancía representados en $C+I+G+(X-M)$ se pueden agrupar finalmente en $C+I$.

1A.2) Además, tal y como analizáramos anteriormente, dicha construcción *es compatible con el esquema de reproducción simple* marxiano, lo que de entrada nos permite identificar visiblemente que:

a) $Co = II$ (consumo en la ecuación clásica es igual al sector II de la reproducción simple; es decir, $(V + Pv)_I + (V + Pv)_{II}$ con reproducción simple) y
b) $Io = I$ (inversión es igual al sector I del esquema marxista de reproducción simple, es decir $C_I + C_{II}$).

1A.3) Paralelamente, esta equivalencia supone la igualdad ahorro-inversión $(S = Io)$, lo cual supone igualmente que el destino

---

y allá muy en el fondo de tu corazón se presiente que algo tiene de razón el mito del Rey Midas, tanto en la macro como en la micro, diríamos en la facultad de economía entre los cuates).

de la ganancia – expresada aquí como ahorro - es la inversión productiva. Así cuando teóricamente se propone que el producto es igual al consumo más la inversión, y la inversión igual al ahorro, estamos pues partiendo de una visión de equilibrio estático, de reproducción simple.

1A.4) Sin embargo, la reproducción ampliada exige una parte del plusvalor no sea consumida para incrementar la ganancia, y la capacidad de la fuerza productiva para generar las condiciones de una mayor ganancia.

Es decir, el consumo de valor en capital amortizado, o en bienes salario consumidos sin un incremento en el valor del producto más allá de su valor, o en materia prima que no redunde en una mayor valorización del capital, es considerado una perdida en la economía burguesa, la cual se conoce en la jerga keynesiana como la "desutilidad marginal".

1A.5) Por ello una parte del plusvalor debe incrementar la capacidad productiva, lo cual determina el crecimiento del monto de la inversión y del consumo cada periodo anual. Es decir, cuando se registra la acumulación de capital, hay una parte del consumo y otra de la inversión que se suman cada año a la economía; el consumo y la inversión crecen año con año y, año con año, el ahorro y la inversión deben ser iguales para mantener el equilibrio en la lógica del sistema clásico[136].

---

[136] Desde este punto de vista podemos identificar ya, algunas contradicciones de la acumulación de capital a fines del siglo XX. Basta comparar los ingresos monetarios de los capitalistas norteamericanos, ya sea con la inversión o con la masa de valor que crece año con año la producción.

1A.6) Con estas generalidades ubicadas en la ecuación clásica, podemos ya identificar que nuestro próximo problema para desglosar la ecuación keynesiana será identificar el lugar contable del gasto del gobierno (Go) y la balanza comercial (**Xo – Mo**), siendo que tanto uno como la otra combinan una parte del consumo y la inversión -aunque como veremos posteriormente podemos hacer abstracción del problema citado, al hacer uso del cálculo matemático para facilitar el análisis.

1A.7) Hemos señalado la dificultad de identificar los rubros del gasto del gobierno y la balanza comercial en el producto, debemos añadir aquí la existencia de una complicación más: El ahorro es "ingreso" (IN), más específicamente, ingreso capitalista (**Ip + R + K + iTn**)[137] realización monetaria del producto en los bolsillos del burgués[138]. *Es decir existen dos tipos de contabilidad: a) La indicada aquí por parte del Ingreso para identificar el ingreso monetario del capitalista, o mejor dicho, para identificar la realización del producto lograda por el capital privado, y... b) otra para analizar la realización social y crecimiento real del producto expresado en términos monetarios y en los apartados más importantes de la economía nacional: El*

---

[137] Ip = *Propietors Income* R = *Rental Income* K = Corporate Profits iTn = Net Interest.

[138] Es importante hacer notar el cambio ideológico y el avance en la concepción general del mundo a una con mayores particularidades, esto cuando de la versión clásica de la economía, matemática ya por excelencia, se salta a una visión de nuevo enfocada en el hombre, a una versión social de la economía, pero observada desde la burguesía y con perspectivas nada halagüeñas (léase a Smith, Ricardo o Keynes para entender el pesimismo), la perspectiva marxista, si bien no tiene ningún derecho para imponerse a la conciencia de los hombres, si representa para los hombres de ciencia una perspectiva realista y esperanzadora para el futuro del hombre, que llama la atención sobre los aspectos más bajos y oscuros del instinto humano, el instinto de poder, el instinto de riqueza, el instinto del odio y alimentado por el trabajo muerto acumulado en unas cuantas manos cuando debiera ser patrimonio de todos. ¡pensamiento todo para todos los hombres!, el trabajo del pensador es hoy como socializar el conocimiento especializado.

Consumo (Co), la Inversión (Io), el Gasto del gobierno (Go), el cambio en inventarios (&inv) y la Cuenta Corriente (Xo-Mo). Una cuenta (la del ingreso) nos señala la valorización privada y la otra la valorización social (la del producto).

1A.8) Es decir, existe una cuenta privada de la ganancia (cuentas del ingreso) y una cuenta social (cuenta del producto) de crecimiento económico, donde a diferencia del modelo clásico, se incluye al Gasto del Gobierno principalmente. (…entre el 15 y 20% del producto anual).

Identificadas las coincidencias y diferencias del modelo clásico con la actual utilizada en las cuentas nacionales del centro del capitalismo mundial, podemos ahora abordar directamente el análisis particular del modelo burgués.

1A.9) Debemos ubicar primero que los gastos del gobierno no transferidos al exterior (**Go** - Pago de la deuda pública), así como las exportaciones (**Xo**) y las importaciones (**Mo**), tanto también del gobierno como de los particulares (ya sea en mercancías o como deuda pues la contabilidad es en términos monetarios), se reparten entre los dos sectores de consumo e inversión, y que para el caso de la contabilidad keynesiana, la inversión efectiva se identifica del capital constante adicional fijo y circulante. Es decir, **Go = Gc + Gi** y **Mo = Mc + Mi** (donde **c** = consumo, **i** = inversión, **Go** = gasto del gobierno, **Mo** = importaciones). Sin embargo, el problema deja de complicarse cuando se impone en el mundo la visión de un Estado mínimo como "arbitro" de las clases sociales y deja de lado su carácter "moral" –que tiene que ver con sus funciones sociales- como lo exigen los neoliberales. Las modernas privatizaciones han demostrado que, sin capacidad productiva social, sin empresas productivas estatales, el Estado es un costo de administración del capital privado sin capacidad de soberanía alguna. Podemos intentar hacer este cálculo partiendo del análisis de los agregados elaborados en la contabilidad estadounidense, sin embargo, para el fin de nuestros objetivos, basta recordar que el Gasto del gobierno es finalmente un gasto al igual que las importaciones. Un gasto necesario para la reproducción del sistema.

1A.10) El cambio en inventarios (**&inv**) es una variable relativamente pequeña que identifica una cierta cantidad de valor no realizada - o realizada en exceso como cuando se da en casos concretos de la economía real, que se registra una cifra negativa, lo que querría decir que hay una parte del producto que hace falta para surtir la demanda real. Es decir, el **&inv** se resta al producto realizado si es positiva, o se suma si es negativa para calcular la realización final del producto. El cambio en inventarios es pues un índice de realización del producto final que no sirve como termómetro de la sobreproducción de mercancías.

1A.11) Finalmente, podemos decir que las exportaciones (**Xo**), al representar una realización de valor en el exterior se suma al producto, por **lo** que el resultado de la Cuenta Corriente (**Xo – Mo**) termina adquiriendo un valor positivo si las exportaciones son mayores a las importaciones y viceversa. Es decir, por el lado del producto, el estado que guarda la economía nacional realizada se ve reflejado en el resultado de la siguiente ecuación, la cual llamaremos, "tasa de inversión keynesiana":

Io + (Xo – Mo) – &inv / Co + Go = k`

Además de esta ecuación que identifica la capacidad de reproducción ampliada del sistema, debemos poner énfasis en el carácter improductivo que adquiere el gobierno al desmantelar el llamado "Estado de Bienestar". Si nuestro objetivo fuera revisar el estado real del proceso de producción, abstrayendo la situación de los circuitos monetario y mercantil, este es nuestro índice. Con estas herramientas teóricas ahora podemos abordar la situación histórica concreta del imperialismo actual basándonos en la contabilidad oficial del gobierno estadounidense desde 1929. Para tal efecto utilizaremos las tablas y series estadísticas del producto interno y el ingreso nacional en dólares corrientes. Entregadas cada tres meses por el Buró de Análisis Económico, del Departamento de Comercio del gobierno de los Estados Unidos de Norteamérica.

Ejemplos de la contabilidad nacional de Estados Unidos[139]:

	1929	1933	2000	2006	2011
GDP	103.6	56.4	9,951.50	13,377.20	15,075.70
CONSUMO	77.4	45.9	6,830.40	9,301.0	10,729.00
INVERSION	16.5	1.7	1,772.20	2,327.10	1,854.90
X-M	0.4	0.1	-382.1	-769.3	-568.1
GOB	9.4	8.7	1,731.00	2,518.40	3,059.80
IN	93.9	48.8	8,938.90	12,031.20	13,358.90
W	51.1	29.6	5,788.80	7,477.00	8,295.20
IP	14.1	5.3	817.5	1,133.0	1,157.3
R	6.2	2.9	215.3	146.5	409.7
K	10.7	-0.3	819.2	1,608.30	1,827.0
Itn	4.6	4	539.3	652.2	527

---

[139] Datos obtenidos de varios números de la revista Survey of Current Business, deflactados a miles de millones de dólares de 1992.

1A.12) Con estos datos, podemos contrastar los hechos e identificar las similitudes de las clases del Ingreso con el Producto Nacional. Para identificar los rubros determinantes relacionados a la producción y la distribución de la riqueza en base al consumo y al ingreso. Para iniciar podemos identificar que:

12ª) Por un método puramente empírico podemos observar que si al producto nacional restamos el ingreso obtenemos la parte de la economía que puede considerarse como el costo de reposición o de reproducción del sistema (GDP − IN = CRS). ***Si por el lado del producto el gasto del gobierno es mayor que este costo, entonces el gasto del gobierno subsidia el ingreso.*** Como podemos constatar la similitud entre C - *variable utilizada por nosotros para representar el capital constante, el cual se calcula restando el Ingreso (IN) al PIB, esto es C = PIB - IN -* y Go - *gasto del gobierno -*, es mayor que su diferencia. Es decir, *Go realiza el valor del capital constante, el gasto del gobierno subsidia el costo del sistema, asumiendo el costo del desgaste del capital constante fijo, más el capital circulante -* lo cual nos facilita la identificación del plusvalor transferido a la inversión...

12ᵇ) Asimismo la similitud del monto de los salarios (W = V) con el consumo (Co) es mayor que la diferencia, lo que nos señala que *en el consumo se realiza necesariamente el capital variable más una porción de plusvalor el cual es un plusvalor consumido* ($Pv_{Co} =$ Co − W)[140] y que será una ganancia ociosa en el caso de servir para satisfacer lujos innecesarios, y

---

[140] Más adelante, en base a los ejemplos, iremos desglosando estas similitudes contables y sus diferencias, hasta aquí sirva solo como ejemplo.

12^c) El plusvalor del Ingreso es de un monto aproximado a la inversión (Io) menos el déficit en la cuenta corriente (Xo – Mo), lo cual nos indica que *el plusvalor destinado a la valorización se realiza en la Inversión y por ello depende de la tasa de inversión la reproducción del sistema.*

1A.13) Los ingresos capitalistas finales - los cuales deben ser mayores a la inversión más la cuenta corriente menos el cambio en inventarios $((Ip + K + R + iTn) > (Io + (Xo - Mo) - \&inv))$ - por definición, deben convertirse en consumo e inversión el próximo año[141], lo que de entrada daría una salida a la desigualdad entre el ingreso de los capitalistas y la misma suma del producto del próximo año más el ingreso capitalista consumido (**Pv$_{Co}$ = Co – W**). Es decir:

$$Io + (Xo - Mo) - \&inv = (Ip + K + R + iTn) - Pv_{Co}$$

1A.14) Así, si asumimos que hablamos no en términos de valor, sino en términos transfigurados o monetarios, se puede incrementar el plusvalor o ingreso capitalista: ya sea...

14^a) Reduciendo el costo de los medios de producción como consecuencia de las innovaciones tecnológicas y desarrollo de la fuerza productiva o destruyendo valores concretos (medios de producción) en el mercado que "encarecen" la producción, hecho que sucede concretamente en la eliminación de los competidores del mercado -por medio de la competencia o de la guerra es indistinto

14^b) Cuando el Gasto del gobierno es mayor a **PIB – IN** -pues como ya hemos visto la inversión final corresponde al "ingreso"

---

[141] De ahí que la igualdad contable de ahorro e inversión en un mismo año sea de principio sospechosa a los ojos de la teoría.

del capital privado y el **Go** realiza cuando menos **PIB – IN**, o bien...

14^c) Reduciendo el salario real, o lo que es lo mismo, aumentando la tasa de explotación en sus formas absoluta y relativa (cuando se reduce **V** (**w**) proporcionalmente y o se incrementa **Pv** (IN) proporcionalmente, es decir cuando se incrementa el ingreso relativo del ingreso global capitalista, el cual, para efecto de simplificación los enunciaremos de la siguiente forma: INk = (Ip + K + R + iTn)

1A.15) Queda aún un elemento muy importante que identificar -elemento del cual se desprenden otras deducciones. A saber... *el producto* - que tal y como demostráramos en la exposición de los esquemas en él capitulo dos de esta tesis – es *invendible y acumulado como "cambio en inventarios" y que da lugar a la propuesta inflacionaria de Keynes, conceptualizado por el mismo como el "multiplicador" de la inversión, el cual posibilita la salida temporal del capital a la contradicción planteada por Marx originalmente*[142]. *el incremento de la demanda por parte de la acción del Estado permite*

---

[142] Rosa Luxemburgo advierte esta posibilidad de inducir el consumo, aunque, al suponer la capacidad de trabajo suplementario como un inagotable flujo de la naturaleza, debido a su concepción de que el mundo de los hombres es eterno, así como el de que las condiciones naturales son estables, no entiende lo que Marx ya anuncia como principio primero de su manifiesto comunista, la posibilidad de la destrucción del mundo por capricho de la lógica del capital (párrafo primero del manifiesto del partido comunista)(por lo demás la Luxemburgo y, posteriormente, Henryk Grossman tienden el puente de la soberbia cultura occidental, por medio de su explicación del comercio exterior y como nueva fuente de plusvalor). (Quizá los Mayas los Aztecas los Toltecas y todas las culturas que han elaborado su calendario en base a observaciones de la naturaleza (entramos en el sexto sol) nos enseñen a entender que debemos cambiar nuestra forma de producir al ritmo que nos marca la naturaleza o como asegurar la libertad de migraciones, necesarias, de común acuerdo según los distintos caracteres de seres humanos hacia lugares propicios para su concepto de vida; migraciones voluntarias que reconocen el derecho del individuo a elegir su destino de acuerdo con leyes necesarias).

entonces la venta de la "sobreproducción" o "cambio en inventarios", el cual, como hemos analizado, tendría que restarse al ingreso[143]. En esta lógica, este índice, tan pequeño en la contabilidad nacional, es un termómetro de las crisis.

Síntesis keynesiana de valor.

a) $IN = (V + Pv)$

b) $Pv = (Ip + K + R + iTn)$

$\mathbf{Pv = IN - W}$, por el lado del Ingreso.

c) $V = W$

d) $W + Pv_{Co} = Co$

e) $Pv_{(Xo - Mo)} = (Xo - Mo)$

f) $Pv_{\&inv} = \&inv$

f) $Pv + Pv_{(Xo - Mo)} - Pv_{Co} - Pv_{\&inv} = Pv_{Io}$

g) $Pv_{Io} = Io$ ó $S = Io$, de donde se desprende...

i) $Go = C$

j) $C = (PIB - IN)$

k) $\mathbf{Go - C} =$ Deuda o inflación.

l) $\mathbf{Go} =$ impuestos.

1A.16) Esta es, en términos generales, la relación lógica y empírica que asumen las cuentas nacionales desde el punto de vista del ingreso y del producto. Hemos identificado en los datos y en la teoría, las necesidades del equilibrio entre estas dos formas que adopta la contabilidad de la economía moderna: *Por un lado*

---

[143] De tal forma que enterrar botellas con dinero para fomentar el consumo, puede salvar al sistema, siempre y cuando ese dinero "plantado", el cual sirve para redistribuir el consumo, no signifique una perdida a los capitales privados, que se asuma como un préstamo al estado y el costo de ese préstamo sea cargado a las cuentas del contribuyente por medio de los impuestos cobrados por el gobierno. Es decir, se asume una deuda social con el capital al salvarlo de su catástrofe natural. Sobre cuál es la forma que presenta éste fenómeno será un tema para abordar posteriormente.

el equilibrio del ahorro con la inversión y por otro, el equilibrio del valor del capital constante del producto con el gasto del gobierno para facilitar la obtención del ingreso privado, y por supuesto, asumiendo un costo social para sostener el mercado de los grandes capitalistas -pues el gasto del gobierno se sostiene de los impuestos, si es que debemos reducir el problema a una postura económica.

1A.17) Finalmente, la desigualdad entre el Gasto del gobierno en el producto y el costo del capital constante en el ingreso, es un hecho que determina la forma que adopta el crecimiento del PIB, y más específicamente, de la masa y la tasa de ganancia capitalistas, veamos los argumentos de lo anterior:

a) Si $C = (PIB - IN)$; $Go = (PIB - IN)$, $IN = (V + Pv)$ pues **Go** no es, por principio ingreso ni del trabajador ni del capitalista.

b) Sin embargo, se puede argumentar que el gasto de gobierno realiza ingreso capitalista e ingreso para la fuerza de trabajo con sus compras, lo cual es falso, el Gasto de gobierno debe realizar exclusivamente el valor del capital constante total, pues el ingreso del trabajador o, mejor dicho, el pago por su fuerza de trabajo, se realiza en el consumo. De tal forma que, efectivamente, si **Go > C**, o si **Go < C**, tenemos como resultado una contradicción desde el punto de vista de valor que trataremos de explicar, aquí usando los elementos generales de la composición de valor $(C + V + Pv)$ y, posteriormente, para un análisis más particularizado, usando los esquemas de reproducción marxista.

c) Aquí, teóricamente podemos concluir, bajo los anteriores supuestos, que:

c.1) Cuando **Go** es menor que **C**, entonces los capitalistas asumen una parte del costo del capital constante consumido, pues si **Go** no realiza **C**, entonces **Pv** será menor, ya que V se realiza obligadamente en el consumo y a menos que algunos trabajadores tuvieran la posibilidad de ahorrar y se comprometiera su ahorro a la realización del gasto del gobierno, entonces podríamos aceptar la posibilidad de que el costo sea asumido por el trabajador[144].

c.2) Cuando **Go** es mayor que **C** -situación que se registra actualmente-, el gobierno ésta gastando más de lo que significa el costo total de la inversión en capital constante. Es decir, aparte de asumir el costo social del capital constante, asume una parte del ingreso del capital privado. De esta forma el capital privado ésta requiriendo entonces de la intervención del gobierno para sostener la masa y la tasa de la ganancia media -aunque en lo concreto el **Go** beneficie a cierto tipo de capitalistas, lo cual cierra la pinza de la alianza entre los burgueses que equilibran su tasa de ganancia con el gasto del gobierno y los burócratas y/o burgueses que se benefician directamente con el presupuesto gubernamental.

c.3) Finalmente, cuando **Go** es mayor que **C**, y además existe ahorro del trabajador en el mercado, es lógico pensar que el costo del déficit, será cargado a la explotación de la fuerza de trabajo. Y aquí entran las modernas ideas pequeñoburguesas que opinan que los servicios del gobierno deben ser pagados por el contribuyente,

---

[144] El caso real es mucho peor, el lanzamiento de los fondos mundiales de pensiones al mercado accionario combinado con el Déficit del gobierno, asegura que el resultado final será un mayor desempleo y la caída absoluta de la masa y la tasa de ganancia, a menos de que se encuentre, antes de la crisis un adelanto tecnológico, tan avanzado como para multiplicar la tasa de explotación. Una ilusión óptica sería la creación de esos magníficos aparatos para hacer cálculos financieros y obtener así, mayores ingresos, pero sin sustento productivo

aparte de pagar impuestos. El resultado de esta política será finalmente una reducción paulatina de los servicios que brinda el Estado con un incremento en la explotación del trabajador y con la posibilidad ¡de que el ingreso capitalista sea asegurado!

1A.18) Hasta aquí hemos hablado de las relaciones de las variables en una economía cerrada, sin embargo el circuito monetario mundial influye de manera cada vez más determinante por lo cual nos haría falta comprender el papel de los mercados financieros nacionales y la función de la liquidez (**L = R + CIN** – *liquidez igual a reservas internacionales* + **Crédito Interno Neto** -) que puede servir para comparar los tres circuitos del capital (**D-D′, M-M′ y P-P′**) y sus desviaciones precio-valor en el mercado internacional. Es, por cierto, curioso señalar que, en los libros de texto, por ejemplo, en el libro *Economía Internacional.* Chacholiades... se afirma que *"Un buen sistema monetario internacional debe brindar una oferta adecuada (y <u>crecimiento</u> (¡!)) de las reservas"* (p. 560. Mac Graw Hill. Segunda Edición). Esto nos obliga a destacar lo siguiente:

1A.19) La desigualdad entre ahorro e inversión nos exige compensar el déficit de ahorro interno con ahorro externo - es decir, equilibrando el sector financiero por medio de lo que se contabiliza como "cuenta de capitales"[145], y se explica teóricamente como "libre movilidad de capital"[146] -. Debemos señalar que las necesidades del ahorro, o inversión, se deberían dictar desde la

---

[145] Fry, J. Maxwell, Ibid.... como apuntáramos en el capítulo dos, nota ...; éste es el origen de las nuevas teorías de liberación financiera y complementación de las economías de ahorro que se sustentan en el "premio" de las tasas de interés de los países que compiten por atraer capitales a sus economías.

[146] Libertad que se termina al abstraer como totalidad el sistema, donde, por lo tanto, no puede existir un sector externo, puesto que yo todavía no conozco una sociedad intergaláctica con la que podamos hacer comercio eventual-

óptica del crecimiento natural de la economía nacional; sin embargo, las necesidades de acumulación en el centro imperialista exigen un mercado mundial a la medida de sus necesidades. De esta manera, podemos decir que desde 1971 el capital financiero se utiliza para incrementar la capacidad de las economías periféricas, intentando así evitar una crisis en el centro, y postergando la crisis nacional del imperio hasta la presencia de una crisis global[147].

1A.20) De lo anterior podemos entonces expresar nuestro desacuerdo con la simplicidad monetaria de Chalcholiades, pues confunde el producto real con la moneda, de tal forma que, como en el caso de la economía mundial actual, al acumular reservas para hacer frente a la movilidad del capital, en la práctica, se está sustituyendo capacidad productiva por dinero de "pantalla"[148], destruyendo valores para la acumulación monetaria, para facilitar ganancias privadas a costa del deterioro social moderno.

---

mente. Es en esta dimensión de la realidad donde se plantea la imposibilidad del crecimiento del sistema o lógica del capital al infinito.

[147] Como en el caso de México, donde se presenta una tendencia creciente de la necesidad de reservas internacionales combinada con una tendencia proporcional en el descenso del crédito interno en la liquidez. Es decir, se observa un claro proceso de extinción de las monedas nacionales, a favor de la moneda de curso mundial: el dólar. Y no solo eso, él dólar sobrevaluado puede comprar capital, tierra y trabajo a un precio por debajo de su valor, facilitando la realización de su producto a costa de la superexplotación imperialista del trabajo y de la expropiación y destrucción de las riquezas nacionales como sucede ahora en la era "global".

[148] ¿Podemos imaginar una economía donde sus reservas sean tales que superen la capacidad productiva? ¿no es eso precisamente lo que sucede en las economías asiáticas y hacia dónde se dirige México y el mundo entero? Para documentar nuestro optimismo – como diría Carlos Monsiváis -, según notas periodísticas, existen 130 trillones de dólares en el mercado mundial sin sustento productivo, los cuales sólo se contabilizan en las computadoras de los sistemas financieros internacionales.

IV.1B. Análisis del esquema marxista[149] .

Tal como lo desarrolláramos anteriormente, el esquema básico de reproducción es:

$$I = C_I + V_I + Pv_I$$
$$II = C_{II} + V_{II} + Pv_{II.}$$

1B.1ª) Para identificar en principio los componentes generales de valor requerimos construir un primer esquema de reproducción que nos acerque al problema. Tal y como hemos identificado, desde el punto de vista del ingreso o del capital privado:

$$C = (PIB - IN)$$
$$V = W, y$$
$$Pv = (Ip + K + R + iTn)$$

Si observamos los datos para Estados Unidos, obtenemos:

	1929	1933	2000	2006	2011
PRODUCTO	103.6	56.4	9,951.5	13,377.2	15,075.7
INGRESO	93.9	48.8	8,938.9	12,031.2	13,358.9
C (GDP-IN)	9.7	7.6	1,012.6	1,346	1,716.8
V (w)	51.1	29.6	5,788.8	7,477	8,295.2
PV (IP+R+K+Itn)	35.6	19.3	2,391.3	3,540	3,921

---

[149] Aparece como es en realidad, el crecimiento económico depende del crecimiento de la producción de medios de producción y el crecimiento de los mismos significa la reducción de la parte viva y consciente del universo conocido por el Capital, un sistema de conocer el mundo que se termina autodestruyendo al infinito.

* Paradójicamente, la realización de éste ingreso da como resultado el producto social representado con cuatro sectores:

$$I = Io$$
$$II = Co$$
$$III = Go$$
$$IV = (Xo - Mo)$$

* Si aceptamos: 1) la imposibilidad del gobierno para generar plusvalor por sí mismo al no ser propietario y 2) si el comercio mundial solamente nos indica una pérdida o una ganancia, se desprende la composición de valor siguiente:

$$I = C_I + V_I + Pv_I = Io$$
$$II = C_{II} + V_{II} + Pv_{II} = Co$$
$$III = C_{III} + V_{III} = Go$$
$$IV = Pv_{IV} = (Xo - Mo)$$

Contamos ya con una base de análisis que nos permite identificar tanto del lado de la realización del ingreso como del producto la composición de valor que no guiara en la identificación de las tendencias del sistema. Para facilitar el análisis debemos entonces identificar ahora los diferentes usos del plusvalor en relación con la reproducción ampliada.

1B.2) La esencia de la reproducción según Marx, es el uso final del **Pv**. Esto es, identificar si el **Pv** sirve para acumular, concentrar y centralizar capital o si el **Pv** se consume. Por lo pronto, basta con indicar que en el caso de la reproducción simple el plusvalor total $(\mathbf{Pv_I} + \mathbf{Pv_{II}})$ se consume $(\mathbf{C_{II}} = \mathbf{(V + Pv)_I})$. Es decir, en el caso de la reproducción simple el plusvalor total se realiza en el consumo (**Co**). * Así la composición de valor de cuatro sectores es susceptible de transformarse a los dos sectores generales clásicos: En equilibrio, o mejor dicho, en reproducción simple: $(C_{II} + C_{III}) = (V + Pv)_I$.

Desde el punto de vista del ingreso...
$$I = C_I + C_{II} + C_{III} = (PIB - IN)$$
$$II = (V + Pv)_I + (V + Pv)_{II} + V_{III} + Pv_{IV} = IN$$

Ya identificados los componentes mínimos de la reproducción, podemos reagrupar el plusvalor para exponer la forma de la reproducción ampliada[150]...

$$I = C_I + C_{II} + C_{III} + Pv_I + Pv_{IV}$$
$$II = V_I + V_{II} + V_{III} + Pv_{II}$$

Ahora, nos falta señalar en concreto cuales son las variables que corresponden a los agregados de valor, tanto del ingreso como del producto, lo que no obliga a reagrupar ahora los cuatro sectores desde el punto de vista del ingreso para construir el esquema de reproducción ampliada de dos sectores desde el punto de vista del producto.

---

[150] Pv_{IV} se suma o se resta al capital global y es el vínculo con el producto excedente de otra economía, de su análisis se puede intuir la especialización o patrón de reproducción nacional de capital (Teorema de Rybczynski), en el caso de Estados Unidos su balanza de Cuenta Corriente nos dice que pierde una parte de su producto en el intercambio comercial medido en dólares, pues el resultado total es negativo. Sin embargo, obtiene un plusvalor excedente proveniente de su exportación de servicios y es deficitario debido a su importación de bienes, es decir, Estados Unidos exporta servicios, _costos para el capital_...

Si **PIB – IN = C, W = V y (Ip + K + R + iTn) = Pv**; tenemos entonces que del lado del producto:

a) La inversión (**Io**) está determinado por el Ingreso o ganancia del capitalista, es decir, del plusvalor (**Pv**);

b) El consumo (**Co**) está determinado por el ingreso o salario del trabajador, es decir, por el capital variable (V);

c) El comercio mundial (**Xo – Mo**), al ser solo una pérdida o ganancia y no ser específicamente consumo, es entonces **Pv** que se suma o se resta y;

d) El caso del gasto del gobierno, que viene a ser la variable más compleja del producto, vendría a ser el valor restante del producto, necesario para la realización del ingreso, y ese valor restante, coincidiendo con su naturaleza de costo para el sistema, sin duda realiza un valor X de capital constante (**C**), pudiendo incluso, en el caso de la reproducción ampliada, exceder el valor total de **C**, realizando así la parte del ingreso capitalista que no se realiza en consumo ni en inversión, lo cual es, evidentemente, un ingreso privado con sustento en el costo social que significa el gobierno.

e) En este caso, para guiar la ubicación – y sin desatender lo observado en los datos de la economía real – del **Go** en el ingreso, supondremos a **Go = C = PIB – IN.**

f) Lo cual nos da como resultado el siguiente esquema de reproducción ampliada con equivalencia entre el ingreso y el producto:

$$I = C_I + V_I + Pv_I \quad = Io \qquad < (Ip + K + R + iTn)$$
$$II = C_{II} + V_{II} + Pv_{II} \quad = Co \qquad > W$$
$$III = C_{III} + V_{III} \qquad = Go \qquad = PIB - IN$$
$$IV = Pv_{IV} \qquad = (Xo - Mo) = \text{Perdida en } (Ip + K + R + iTn)$$

g) Si aceptamos que el consumo ésta determinado por el salario, mas no es igual al salario o capital variable, entonces aceptamos que una parte del plusvalor se consume, es decir, existe un plusvalor consumido que sería igual a la diferencia del consumo menos el salario ($\mathbf{Pv_{Co}} = \mathbf{Co} - \mathbf{W}$), el cual sería el plusvalor total del sector **II** ($\mathbf{Pv_{Co}} = \mathbf{Pv_{II}}$) en un esquema de dos sectores generales.

h) Finalmente, si estamos de acuerdo en lo anterior, el plusvalor del sector **I** ($\mathbf{Pv_I}$) en un esquema de dos sectores debe ser igual al ahorro o inversión o plusvalor invertido ($\mathbf{Pv_{Io}}$), por supuesto, menos el resultado de la cuenta corriente o comercio mundial ($\mathbf{Pv_{Xo\text{-}Mo}}$); de tal forma que $\mathbf{Pv_I} = \mathbf{Pv_{Io}} + \mathbf{Pv_{Xo\text{-}Mo}}$.

Es decir, el esquema de reproducción ampliada de dos sectores, bienes de producción y bienes de consumo para Estados Unidos, se representa de las siguientes formas por el lado del ingreso y por el lado del producto. Desglosemos **Co+Io+Go+(X-M)**

El ingreso	El producto
$I = (PIB - IN) + Pv_{Io} + Pv_{Xo\text{-}Mo} =$	$Go + Io + (Xo - Mo)$
$II = W + Pv_{Co} =$	Co
Donde	

$$PvIo + PvXo\text{-}Mo = PvI = \qquad\qquad Io + (Xo - Mo)$$

$$y\ Pv_{Co} = Pv_{II} = \qquad\qquad Co - W$$

De nuevo en forma global:

$$C = C_I + C_{II} + C_{III} = \qquad\qquad (PIB - IN)$$

$$V = V_I + V_{II} + V_{III} = W = \qquad\qquad Co - PvCo$$

$$Pv = Pv_I + Pv_{II} + Pv_{IV} = (Ip + K + R + iTn) = \qquad Io + (Xo - Mo) + PvCo$$

Con esta construcción concluimos por lo pronto que el Gasto de Gobierno, aparece en la contabilidad nacional como una necesidad para asegurar la valorización del capital, pues cualquier reducción en el mismo significaría una reducción del plusvalor con motivo del incremento del costo del capital constante, lo cual impide en forma directa la valorización, es decir, la inversión.

	1929	1933	2000	2006	2011
Gobierno	9.4	8.7	1,731.00	2,518.40	3,059.80
Inversión	16.5	1.7	1,772.20	2,327.10	1,854.90
Ingreso capitalista	35.6	19.3	2,391.30	3,540.00	3,921.00

Como vemos, la masa del ingreso capitalista es insuficiente para sostener el Gasto del gobierno y la inversión. El sostenimiento de la tasa y la masa de inversión depende del ingreso capitalista realizado gracias al Gasto del Gobierno (**Go**). Cuando se reduce **Go**, sin una reducción del consumo, primordialmente del salario, entonces la inversión tiende a caer. Es decir, *el modelo keynesiano de* *crédito al gobierno se ha agotado para dar paso al modelo neoliberal de reducción del consumo, restringiendo el crédito público y privado, contrayendo los mercados nacionales para beneficiar el circuito del capital que tiene como epicentro los grandes intereses estadounidenses de la energía y de la guerra.* El modelo de reducción del consumo neoliberal es un intento por restablecer la reproducción ampliada, sin embargo, tal y como lo hemos demostrado en el modelo keynesiano, el ingreso capitalista depende de Go.

La reproducción ampliada depende de esto. Si hemos identificado a la suma del ingreso de los capitalistas como plusvalor realizado (**Ip + K + R + iTn = INk**), la diferencia entre la inversión más la Cuenta Corriente **{Io + (Xo – Mo)}** y el plusvalor total realizado, debe ser igual al plusvalor consumido. Es decir, **Ink – (Io + (Xo – Mo) = Pv_{Co} = Co – W**

1B.3) La inversión requiere, necesariamente, de ir a incrementar la capacidad productiva, y por supuesto de la masa y la tasa de la ganancia. Por lo que, paradójicamente, es nociva al sistema la creación de burbujas de crecimiento económico que se refieren solo al incremento de la demanda -del consumo [151], pues esta demanda no incrementara la ganancia sino el gasto o costo del sistema -indistintamente de que se trate de costo directo del capital constante o de incremento del capital variable-; ya que a mediano plazo, terminan por formar parte de la producción de bienes de consumo[152] o de algún costo del capital[153] .

---

[151] Contradicción fundamental del capitalismo como demostrara Marx.

[152] Caso que ejemplifica el crecimiento del sector terciario que, si bien dinamiza la economía en el corto plazo, requiere de su constante crecimiento con un incremento de la demanda de servicios.

[153] Primero de consumo suntuario, pero después como servicios financieros - sector I -, llevando al sistema, a una tendencia de reproducción simple (por aumento relativo de V, de Pv consumido o de C en forma de consumo de servicios financieros) - caso más que imposible, puesto que la perfección

1B.4) Por ello, una rigurosidad teórica requiere una revisión del crecimiento exclusivo de la inversión y los recursos del sector financiero, los cuales deben verse como costos para el sistema[154] necesarios para sostener el nivel de producto -como argumentáramos, en base al apalancamiento, ahorro o inversión externa. Este equilibrio alcanzado monetariamente, sin más sustento que la ganancia financiera, por naturaleza ausente de valor productivo, supone que los flujos de recursos de unas economías nacionales a otras, no coinciden ya con los valores reales que se intercambian[155]. La inconvertibilidad del dólar en oro hace posible esta situación, al dejar al arbitrio del mercado dominado geopolíticamente por las armas imperialistas gringas.

Para identificar la valorización del capital no basta entonces el cálculo de las tasas de plusvalor y de ganancia, sino que necesitamos crear un índice que nos indique la tasa de inversión y de consumo del plusvalor, mas, para lograr nuestro objetivo, debemos primero reorganizar nuestro esquema de cuatro sectores.

IV.1C. Síntesis y conclusiones.

III.1C.1) Finalmente, tendremos que hacer una consideración con respecto al equilibrio buscado por las instituciones

---

planteada por la reproducción simple es imposible por principio... y más bien habría de señalarse que la búsqueda de la perfección a cualquier "precio", nos puede "costar" la vida misma, y entonces la perfección nos destruye.

[154] Keynes plantea el problema como la "trampa de la liquidez" y, por ejemplo, ahí tenemos otra explicación del boom de la deuda pública y privada

[155] Curiosamente, el valor del conocimiento académico, no corresponde a lo que debiera ser su valor social; hay un sobreprecio del conocimiento reconocido formalmente que es pagado por la sociedad y usufructuado por el individuo - un "Doctor" en economía vale socialmente lo que gana económica y políticamente en el sistema individualista, e individualmente vale lo que pierde en un sistema de valores verdaderamente sociales -.

financieras internacionales para sostener, sobre todo, la economía estadounidense, centro del imperialismo capitalista mundial. Para ello formularemos un esquema de reproducción para la economía de Estados Unidos, donde[156]:

a) $I = C_I + V_I + Pv_I = Io$

$II = C_{II} + V_{II} + Pv_{II} = Co$

$III = C_{III} + V_{III} = Go$

$IV = Pv_{IV} = (Xo - Mo)$

En equilibrio:

b) $(V + Pv)_I = C_{II} + C_{III}$. Es decir, los salarios del sector I, más la ganancia de ese mismo sector de la producción de bienes de producción, debe ser igual, en estado de equilibrio, al valor de los medios de producción del sector de los bienes de consumo más el valor de los costos en bienes de producción realizados por el gasto del gobierno.

c) **III + IV = I**. Es decir, el gasto del gobierno *menos* la Cuenta Corriente debe ser igual al valor del Sector medios de producción (**Go - (Xo – Mo) = Io = PIB – IN**), entonces...

$I = C_I + C_{II} + C_{III}$

$II = (V + Pv)_I + (V + Pv)_{II} + V_{III} + Pv_{IV}$

d) Si el Ingreso (**IN**) se refiere a **V + Pv** totales. Estamos sin duda hablando de que el Ingreso conforma el sector **II**, pues

---

[156] Para simplificar y facilitar el análisis, abstraemos por lo pronto el problema de la ubicación del consumo de servicios y su identificación, ya sea como costo de C o simplemente como consumo.

todos los costos han sido restados, incluyendo, por supuesto, los impuestos. De tal forma I = C y si Go, asume el costo (C), entonces

e) $C = I = Go = Io + (Xo - Mo) = So + (Xo - Mo)$[157]

f) Si el equilibrio exige la igualdad del valor del capital constante del sector **I** con el pago en salarios y el plusvalor del sector **II**, un crecimiento equilibrado exige un crecimiento proporcional año con año, del ahorro según las clases de Ingreso (**Ip + K + R + iTn** menos el plusvalor consumido y/o transferido al exterior) y de la inversión menos la balanza de Cuenta Corriente, un crecimiento proporcional del salario (**W**) y el consumo (**Co**) y un crecimiento proporcional del Costo de Capital Constante (**C**) y el Gasto del gobierno (**Go**). Es decir, un crecimiento proporcional, año con año de **C + V + Pv** totales, tanto en su aspecto monetario, como en su aspecto del producto final de composición de valor en el mercado.

---

[157] Sin embargo, como hemos señalado éste es un esquema ideal, el cual podría ajustarse a la realidad, en caso de no lograrse el equilibrio incluyendo la variable "Pleno Empleo", la cual podría referirse a la imposibilidad del mismo y como un objetivo deseable, pero inalcanzable, pues el "Pleno Empleo" significaría, en términos de los esquemas de reproducción, el equilibrio de las variables ahorro, inversión y gasto del gobierno; hecho que poco tiene que ver con la cantidad de fuerza de trabajo desempleada. Pero supongamos que ese no es el pleno empleo al que se refiere la teoría. Supongamos entonces que se refiere al crecimiento del empleo de la fuerza de trabajo. Entonces el crecimiento de V sería el objetivo, independientemente de lo que sucediera con PV o con C. Por supuesto, una composición de valor unitaria (V), exigiría obtener de algún lado C y convencer a los capitalistas de que el Pv es innecesario. Sin embargo, eso no sucede en la realidad, por lo que, de entrada, el modelo keynesiano, desde esta perspectiva optimista, es solo un buen deseo dentro de los márgenes del sistema de relaciones sociales capitalistas de producción.

Podemos verificar lo anterior observando los intentos de la política económica estadounidense por mantener el crecimiento proporcional de sus variables económicas. En esta revisión podremos analizar la magnitud de los desequilibrios o desproporcionalidades existentes y su resultado final en la masa y en la tasa de la ganancia. Pero para ello es necesario hacer dos esquemas, uno para identificar la composición de valor realizado por los capitalistas y otro para la composición de valor del producto del sistema capitalista.

Por el lado del Ingreso:

$$PIB = (C + V + Pv)$$
$$IN = (V + Pv)$$
$$(PIB - IN) = C$$
$$W = V$$
$$(IN - W) = Pv...$$

De tal forma que los sectores generales de medios de producción (**I**) y de consumo (**II**), quedarían...

$$I = PIB - IN = C = CI + CII + CIII$$
$$II = IN = V + Pv = (V + Pv)_I + (V + Pv)_{II} + V_{III} + Pv_{IV})$$

Entonces....

Si **C = Go**, y la inversión depende del ingreso capitalista y el consumo depende del salario, es decir, **Co** depende de la masa de **V** e **Io + (Xo − Mo)** depende de la masa de **Pv**

Por el lado del producto:

$$I = Go = C$$
$$II = Co + Io + (Xo - Mo) = V + Pv = IN$$

Donde el crecimiento equilibrado exige que el Ingreso coincida con el consumo y la inversión, pues Go asume el costo de C, es decir, ***el modelo keynesiano es un modelo de producto social e ingreso privado, donde la sociedad asume los costos constantes de reproducción del sistema del capital privado, mientras los capitalistas aseguran el monto de su ingreso a merced de los gastos del gobierno.*** Veamos los datos reales para contrastar lo anterior... (en Billones de Dólares de 1992)

	1995	1996
PIB	6,742.10	6,928.40
Co	4,595.30	4,714.10
Io	991.50	1,069.10
Go	1,251.90	1,257.90
(Xo – Mo)	-98.80	-114.40
&inv	0.60	-1.60
IN	5,486.54	5,675.07
W	3,911.84	4,016.78
Ip	453.79	472.10
R	123.24	132.74
iTn	394.40	385.72
K	394.40	667.72

- A la luz de los datos, podemos observar para 1996 que **Go** (=1257.9) > **PIB – IN** (=1253.33), es decir, por el lado del producto, no solo el capital constante total es realizado con el Gasto del Gobierno, sino que también una parte del Ingreso es realizado por el Gasto del gobierno. Es por ello que...

- IN (= 5675.07) > Co + Io + (Xo – Mo) + &inv (= 5667.2).

- Si aceptamos que el total del producto debe cuadrar tanto de lado del producto como del Ingreso, entonces la diferencia del ingreso y el producto analizado se resuelve con la diferencia entre Go y PIB –IN, es decir...

- El gasto del gobierno, efectivamente, realiza una parte del ingreso, **IN – (Co + Io + (Xo – Mo) + &inv) = Go – (PIB – IN)**. Es esta la gran contradicción actual del *Capitalismo Estatista Imperial*, el que una variable de costo social, realice el valor del ingreso capitalista, lo cual frena inversión y consumo, aunque se incremente el ingreso. De continuar dicha tendencia, esto supone:

- Un límite máximo creciente del Gasto del Gobierno,
- Caída del costo del capital constante y tendencia a la recesión,
- Estancamiento y posible caída de la inversión y el consumo,
- Caída tendencial del ritmo de crecimiento, desempleo y concentración del capital.
- Finalmente, una caída del ingreso por problemas de realización.

III.1C.2) Las anteriores afirmaciones parten del supuesto de reproducción simple, más nos referimos a un modelo de reproducción ampliada, donde debemos identificar entonces el Pv correspondiente a los dos sectores, que como ya hemos señalado son:

$$Pv_I = Io + (Xo - Mo) = Pv_{Io} = (Ip + K + R + iTn) - (W + Pv_{Co})$$
$$Pv_{II} = Co - W \qquad\qquad = Pv_{Co}$$

Con ello los esquemas de reproducción ampliada serían:
$$I = C_I + C_{II} + C_{III} + Pv_I$$
$$II = V_I + V_{II} + V_{III} + Pv_{II}$$

Por el lado del ingreso:
$$I = (PIB - IN) + (Ip + K + R + iTn) - (W + Pv_{Co})$$
$$II = W + Pv_{Co}$$

Por el lado del producto:
$$I = Go + Io + (Xo - Mo)$$
$$II = Co$$

Utilizando los datos para 1996 por el lado del producto, obtenemos:

$$I = 1257.9 + 1069.1 - 114.4$$
$$II = 4714.1$$

Es decir, es obvia la sobreproducción en **I** pues $(\mathbf{V + Pv})_I > \mathbf{C_{II}} + \mathbf{C_{III}}$[158], ¡lo cual explica la tendencia a la destrucción de valor que se registra en los países periféricos, y la contracción de la planta productiva mundial para compensar la sobreproducción del sector I en los Estados Unidos de Norteamérica! ¡Destrucción de valor oculto bajo el velo monetario del dólar y que explica en parte el bajo costo del oro y el petróleo con respecto al dólar hasta antes de la crisis global al inicio del milenio (2008)!

---

[158] Recordemos que C_{II} en el esquema de dos sectores es igual a la suma de $C_{II} + C_{III}$ en el esquema de cuatro sectores diseñado en éste trabajo.

Esta destrucción del valor continuara, como lo demuestra las recientes crisis en Latinoamérica y en Asia, en una tendencia a la reproducción simple "Global", lo cual significara menores ritmos de producción mundial; y como hemos señalado hasta el cansancio, la reproducción simple es imposible por principio. Es decir, si el consumo en los Estados Unidos no crece sin reducir su tasa de ganancia, entonces ¡nos encontramos a medio camino del DERRUMBE DEL SISTEMA CAPITALISTA MUNDIAL y sobre la plataforma política del imperialismo financiero y militar!

En otros términos -en términos monetarios- la inflación mundial es provocada por la magnitud del gasto gubernamental, el cual subsidia al capital –¡No a la fuerza de trabajo! – para mantener la masa y la tasa de la ganancia media.

De continuar con la deflación actual, terminaría el *"american way of life"*, sustentado en la sobrevaloración del dólar. Esto parecería positivo a simple vista, sin embargo, tal y como señaláramos anteriormente, la destrucción de valor será tal, que el costo social y ecológico es incalculable.

IV.1C.3) Para darnos una idea más cercana de la situación, necesitamos observar la tendencia de las tasas de plusvalor (**Pv'**), de ganancia (**g'**) y de la composición orgánica de capital (COC). Tasa de plusvalor:

$$Pv / V = ((Ip + K + R + iTn) / W)$$
$$\text{Donde } (Ip + K + R + iTn) = Ink$$

	1929	1933	2000	2006	2011
COC	16.0%	20.4%	14.9%	15.3%	17.1%
PV'	69.7%	65.2%	41.3%	47.3%	47.3%
G'	58.6%	51.9%	35.2%	40.1%	39.2%

Estos años escogidos intentan retratar la situación inicial y final de nuestro análisis en el tiempo. Correspondiendo el último dato no a todo año sino tan solo los datos del segundo trimestre. En 1933, la crisis que inicio en 1929 toco fondo según los datos y no se recuperó hasta 1945 y se estabilizó hasta 1950. Es por ello que rescatamos este año (1933) para tener una base de comparación.

IV.1C.4) Para confirmar lo dicho, nos atenemos al análisis del incremento de los costos del sistema, reflejados en el incremento del consumo de servicios, los cuales, correctamente, se contabilizan como Consumo y no como inversión. De ahí que el ingreso real sería salarios más ganancias, menos el consumo de servicios (**IN** – Consumo de servicios). De esta operación podemos deducir quienes pagan el costo del sistema.

Si el plusvalor consumido ($\mathbf{Pv_{Co}} = \mathbf{Co} - \mathbf{W}$), es menor que el consumo de servicios, entonces el consumo de los servicios es realizado con el ingreso del trabajador, lo cual reduce su ingreso real e incrementa la tasa de explotación. En las tablas observamos como el consumo de servicios muestra una tendencia creciente en relación con el consumo total, es decir, el costo se transfiere poco a poco a la fuerza de trabajo, hay un costo en fuerza de trabajo concreto para realizar el costo del capital actual, una deuda creciente del sistema en términos de horas de trabajo, es decir, existe un exceso de oferta de trabajo, necesario para mantener la tasa de la ganancia, pues de los contrario el costo que ahora asume el trabajador, de alguna u otra forma, deberá adquirirlo el capital[159].

---

[159] Cuando al deudor le es imposible pagar al acreedor, lo único que queda, para cuadrar la macroeconomía, es marcar dicho valor en un libro de conta-

El consumo de servicios, más del 50% del consumo total, que representa plusvalor y fuerza de trabajo consumidos sin valorización, pueden, si así lo queremos, representarse como un cuarto sector improductivo o sumarse al costo del capital constante y el en éste caso, el orden de los factores no altera el producto: la reducción del plusvalor y la tendencia a la reproducción simple, Hay sin embargo une efecto diferenciado:

a) Si incluimos el sector servicios como un sector aparte en nuestro esquema de reproducción, esto es como sector de consumo improductivo: **I = Go + Io + (Xo - Mo), II = Co** de bienes y **III = Co** de servicios, la tendencia es la reproducción simple.

b) Si consideramos al consumo de servicios como costo del capital constante del sistema, entonces: I = Go + Co servicios + Io + (Xo – Mo), lo cual incrementa la composición orgánica de capital a favor del incremento de los costos y con una clara tendencia a la contracción del capital productivo.

Cualquiera de los dos resultados del esquema, nos permite asegurar que la demanda agregada generada por el estado tiende a ser improductiva cuando la tendencia de la inversión baja a favor del consumo, del consumo de servicios. Finalmente, podemos asegurar que el consumo de servicios es producto del esquema monetarista que pretende eliminar el proceso productivo –con ello, sin proponérselo la valorización-, a cambio de observar en las cuentas una ganancia, que más temprano que tarde, es una perdida, un costo y una tendencia al derrumbe del sistema global.

---

bilidad o expropiarlo, deteniendo de esta manera el proceso de valorización.

Estas deducciones nos permiten analizar las técnicas utilizadas para contrarrestar dicha tendencia:

IV.1C.5) La manipulación de las tasas de interés por un lado sirve para la atracción o repulsión de capitales de préstamo o de inversión de acuerdo al "premio" ofrecido por la economía nacional a la inversión o a la usura. Es decir, la promesa de una tasa de interés rentable en el mercado mundial permite atraer dinero de curso mundial, dólares, para generar confianza de que las deudas contraídas se sustentan en un medio de cambio universal, y no en moneda nacional. La caída del valor del Producto en los Estados Unidos, puede disparar las tasas de interés en ese mismo país, arrastrando las tasas de interés de todo el mundo. Hasta entonces, se hará conciencia de la sobrevaluación del dólar. En lo que vamos del siglo XXI, ante el estancamiento, la reserva federal estadounidense ha reducido las tasas a mínimos históricos y se recortan servicios públicos y pensiones; sin embargo, siendo la inflación un elemento estructural de la actual dialéctica imperialista, a mediados de 2004, las tasas inician ya una etapa ascendente.

IV.1C.6) En segundo lugar, se aumentan las tasas de interés con la justificante teórica de acabar con la inflación disminuyendo la liquidez, se propone así contraer el circulante para la demanda o consumo, pero ahora, el incremento en la tasa de interés obedece también a la creciente necesidad de recursos monetarios que equilibran del déficit provocado por la restricción del crédito interno. Este fenómeno "circular", que "mata dos pájaros de un tiro" -atraer "ahorro externo" en calidad de deuda y disminuir la liquidez interna, importa inflación y contrae el mercado interno- resulta entonces un paulatino drenaje de moneda nacional que se ve compensada con la invasión de dólares y con la compra final del territorio del país perdedor por medio de la especulación hipotecaria.

1C.6a) Aquí vale además la siguiente disgresión:

Las monedas débiles frente al dólar siguen devaluándose y el mercado interno de dichas economías, que se basa en el crédito y la liquidez interna, va cediendo terreno a la economía del dólar y sus respectivas cadenas productivas trasnacionales se van adueñando de recursos que antes eran propiedad pública. Y esto parece ser cierto de manera general, pero con sus diferencias regionales y con la particularidad de que siendo Japón el mayor acreedor de Estados Unidos -antes de la crisis iniciada en 1996 y aceptada formalmente hasta registrarse el "efecto dragón"- se daba el lujo de mantener el precio del dólar a un valor más acorde con la realidad[160]. La sustitución obligada de ahorro interno por ahorro externo no es más que la expresión monetaria de la sobreacumulación de capital combinada con una baja tasa de ganancia de origen en los países imperialistas oculta tras la contabilidad del Ingreso. Su resultado es un caudal de dinero sin expectativas de producción de una tasa de plusvalor adecuada que busca "nichos" de reproducción en otros

---

[160] De cómo los precios en Japón son imposibles para los ciudadanos norteamericanos, nos puede ofrecer un análisis la obra de Daniel Burstein "¡YEN!", Ed. Lasser Press, edición de 1989. Complementariamente es interesante notar como la renta de la tierra en Japón se ha disparado a tal nivel que un asalariado japonés está viviendo en una verdadera mina de oro y los peligros de tal especulación con la tierra en Japonés tal que muchas de las empresas en Japón no valen por sus cuentas en libros de acuerdo a su producción, sino por el valor de los terrenos donde están construidas, lo que al combinarse con la tendencia descendente de la ganancia puede provocar la ironía de la decadencia del imperio financiero japonés en medio de una valorización de la tierra que excede la capacidad de la inversión real, es decir, el peligro es el del empobrecimiento de Japón por la imposibilidad de vender su riqueza territorial inflada por los optimistas "económos" que se sostienen en la fe de en la eternidad del sistema y en el crecimiento ilimitado de la producción capitalista. Los hechos, más temprano que tarde develarán esta verdad.

lugares. Esto supone entonces en su aspecto práctico que el dólar es el único valor, o valor relativo general o única moneda válida que tiende a su autoexpansión ahora como mercancía real que se compra y se vende en las casas de bolsa e instituciones financieras internacionales, pero que se sostiene en gran medida gracias a la explotación de la riqueza generada a nivel mundial y en especial, gracias al flujo de capital japonés en forma de deuda.

IV.1C.7) Lo anterior genera paralelamente y como resultado de mediano plazo, visibles movimientos del tipo de cambio; movimientos que se apuntalan y se confunden en la oferta-demanda de las divisas. Fenómeno que no es, más que en la práctica, la sustitución de las monedas nacionales por la moneda imperial: el dólar[161] .

IV.1C.8) Los movimientos del tipo de cambio a su vez influencian los movimientos del mercado en los sectores básicos de bienes de consumo y de capital. Un tipo de cambio alto -o "sobrevaluado"- hace restrictiva la exportación y facilita la importación de mercancías -y eso puede parecer perjudicial. Pero al mismo tiempo, *quién es propietario de una moneda sobrevaluada tiene la capacidad de comprar capital en los otros países por debajo de su valor real, al mismo tiempo que propugnando va el libre comercio, como una necesidad vital, pero para su economía agobiada por el peso de su riqueza muerta. Es decir, la sobrevaluación de la moneda de curso mundial (el dólar) favorece al ingreso o realización del producto del país que la emite, aunque ello no asegura el valor del producto interno. Y, por otro lado, esta sobrevaluación – la cual descansa en el*

---

[161] Es decir que aquí el fenómeno cultural reflejado es el de que la moneda única, como representante de una cultura, impone su visión del mundo, visión que va a marcar el nuevo avance del espíritu.

déficit y la deuda gubernamental – permite la expropiación del capital de los países con monedas débiles, así como una superexplotación de la fuerza de trabajo de estos países.

IV.1C.9) Libre comercio impulsado por intereses originados en el exceso del producto para el consumo interno que al comerciarse genera un valor monetario -ideal y concreto, paradójicamente, al mismo tiempo-; lleva al capital a un rincón sin salida ya que el exceso de producto reduce la posibilidad de la ganancia, ya que por medio de la competencia los mercados se aglomeran y se reduce así paulatinamente la ganancia -concepto que se contrapone en nuestra mente y nos oculta la realidad más inmediata, la del aseguramiento del alimento para todos, independientemente de los fetiches que necesita el hombre para conocerse en lo interno- que debe mudarse de su centro en forma de dinero para retornar a él en forma igual pero en suma mayor, y al final, lo único que crece es el dinero, mientras en la realidad, los niveles de la producción y los niveles culturales se mantienen estancados en niveles de producción asignados por la tecnología o en modelos sociales determinados por los intereses económicos más mundanos. Y las condiciones concretas de vida de los hombres que trabajan para asegurar el pan de los suyos - y de la manera más honrada posible, pero dispuestos a todo - (desgraciadamente por el dinero que necesitan para alimentar a los suyos, designados y determinados también por el dinero). Ejemplo: México. Ejemplo: Todo el Mundo y sus culturas aplastadas por la soberbia fundamentada en la cultura del interés privado, cultura ciega al interés público y hasta al natural[162] .

---

[162] Necesito acaso demostrar la destrucción de la naturaleza hecha por el hombre en aras de sus intereses más mezquino.

IV.1C.10) Dirigiéndonos un poco más al fenómeno "concreto", un tipo de cambio subvaluado permite un incremento de las exportaciones, restringe las importaciones y al mismo tiempo abarata sus bienes de capital y, facilita, que ciudadanos extranjeros compren, a precios de risa, los bienes de capital nacionales[163]. Este fenómeno a la vista, es el centro de la política económica neoliberal: La creación primero de algunas pocas monedas únicas por bloque comercial y un intento por lograr una sola moneda independientemente de las consecuencias expropiatorias o, lo que es lo mismo, de "globalización".

IV.1C.11) La "Globalización" es, de esta manera: La tendencia mundial a planificar el crecimiento del producto total en base al incremento de la masa de la ganancia por medio del abaratamiento del capital contante adelantado –incrementando la explotación extraordinaria, relativa de la fuerza de trabajo con nueva tecnología, movimientos en los tipos de cambio – y del abaratamiento del valor de la fuerza de trabajo – incrementando la explotación absoluta de la fuerza de trabajo con despidos masivos, control migratorio, incremento de la jornada laboral , etc. ES LA CONCENTRACIÓN Y CENTRALIZACIÓN DEL CAPITAL CON TENDENCIA A LA DESACUMULACIÓN, AL COLAPSO. Esto podemos desglosarlo de la siguiente manera...

IV.1C.12) Tal y como señaláramos en B. la posibilidad de obtener un excedente gracias a los movimientos del tipo de cambio, tasas de interés y déficit gubernamental, es un fenómeno

---

[163] Estos puntos abren un nuevo tema de investigación: a saber, la posible triangulación de compraventa de divisas, productos y bienes de capital sin la necesidad de preocuparse por lo que sucede con la tan cacareada búsqueda de la eficiencia y competitividad productiva

internacional (o global, si se quiere ir con la jerga de moda) que, al presentarse en un escenario de economías nacionales asimétricas, formando tasas medias mundiales de plusvalor, de ganancia y de composición orgánica de capital, implicando también:

IV.1C.13) Un desarrollo económico, primero ligeramente superior a la destrucción de valor ocurrida en el país importador por la competencia de tecnologías y culturas diferenciadas, y debido a la combinación del producto matemático de la ganancia obtenida en la exportación y por la importación de bienes de consumo y de tecnología más baratos[164] . Luego una carga excesiva en la destrucción del valor - que por lo regular se manifiesta como riqueza de unos cuantos individuos, dispuestos a matar y morir antes que perder dinero - arrastrando de nuevo hacia el fondo o hacia el centro de una situación cada vez más angustiante y apocalíptica.

IV.1C.14) De lo anterior se hace necesario citar a Henryk Grossmann "la enorme importancia de este proceso de transferencia por la vía del comercio exterior y de entender la verdadera función de la política de expansión imperialista. Hemos demostrado que el capitalismo no padece de hiperproducción de plusvalor - como aparece ahora en las bolsas que se juegan las ganancias de los individuos [165] - sino más bien de insuficiente valorización. Esto genera transitoriamente, en forma periódica, una tendencia al derrumbe que alcanza su expresión en la crisis y debe conducir entonces en el ulterior desarrollo de la acumulación de capital, y

---

[164] Se podría hacer un paralelo con el intercambio cultural sufrido por los pueblos que comercian, ahí también se puede dar la absorción de un sistema de pensamiento por otro, ya sea para avanzar en el espíritu o para empobrecerlo relativamente.
[165] Comentario mío

a partir de una determinada altura de la misma (subrayado mío), al fortalecimiento de la tendencia al derrumbe y, finalmente, al derrumbe."

IV.1C.15) "... la magnitud del plusvalor producido en forma capitalista no se modifica, el sólo se realiza... () ... sólo en las fases más avanzadas de acumulación de capital, cuando es cada vez más difícil valorizar las enormes masas de capital acumuladas (lo que no significa otra cosa que la entrada en vigencia de la tendencia al derrumbe), sólo entonces la cuestión de la de la inyección de ganancia adicionales desde fuera. por la vía del comercio exterior, se convierte en una cuestión vital del capitalismo... () ... De ahí la violencia de la expansión imperialista justamente en esta etapa tardía de la acumulación de capital"[166] (y cualquier parecido con la realidad, es mera coincidencia. Porque los mexicanos y todos los latinoamericanos y los países sojuzgados por las necesidades del capital financiero, hoy vivimos en una economía de guerra y con guerra en las calles[167])

IV.1C.16) El equilibrio en la bolsa de valores y la tasa de ganancia individual determinan la volatilidad y el valor de los capitales accionarios, y el mensaje final de la bolsa, antes de una crisis, es su frenética carrera a la alza, en combinación con la caída permanente del empleo - que en los años posteriores a 1929, el

---

[166] Grossman, Ibid. "La función del comercio exterior en el capitalismo"

[167] Efectivamente, si excluimos a todos los países que comercian con Estados Unidos, el peso monetario de la economía mexicana o latinoamericana es mínima en relación al producto total de Estados Unidos, sin embargo, la posibilidad de apropiarse de una tajada cada vez mayor del producto del trabajo de la población económicamente activa, que tan solo en México cuenta con un potencial de más de 20 millones de personas en edad de trabajar, y si al igual ponemos en la balanza la transferencia y destrucción de valor, reflejada en el paro y la inflación con altas tasas de ganancia.

desempleo cayó más de un 20% en los países ricos, (Alemania, registro para 1996, un desempleo ya de más del 10% de su PEA) -, a pesar de los logros en el crecimiento del producto.

IV.1C.17) Existen pues, diferentes dimensiones de las crisis y de acuerdo a la distancia en que el sistema se encuentra del centro; un valor último dónde sea posible seguir creyendo y trabajando en y por la vida. Lo cual explica que algunos países con elementos culturales menos afines o tradicionalistas sin conciencia de la necesidad de un cambio sufran primero las consecuencias más visibles, y que estas se ahonden por la competencia económica encabezada por el capital financiero trasnacional -ahora apuntalado por la acumulación lograda por narcotraficantes- y que se expresa en los diferentes niveles que adquiere la lucha de clases. Esto sin embargo no asegura a la hegemonía de Estados Unidos que una súbita sorpresa agudice la lucha de clases como tal y no como fenómeno étnico al interior de sus fronteras[168].

IV.2. Fenómeno Monetario y análisis econométrico.

IV.2A. *El análisis monetario*

Es importante hacer la siguiente disgresión con respecto al carácter monetario del análisis.

---

[168] Hecho que es ya palpable ante la ola antiinmigrante que sacude los cimientos del espíritu del derecho estadounidense y que se explica como la respuesta inmediata e irracional de anglosajones ante la competencia salarial de los trabajadores inmigrantes, competencia que presiona los salarios a la baja y hecho que al mismo tiempo refleja la condición cultural de decadencia del *"american way of life"*. Y decadencia que se expresa dramáticamente en los niveles más bajos de nacimientos y su tendencia descendente en la comunidad anglosajona.

IV.2A.1) Recapitulando: el circuito característico del capital (D - M ... P ... M' - D'), se expresa al mismo tiempo en los otros dos circuitos de reproducción (P...P y M - M'). Esta virtual separación de ciclos permite, fenoménicamente, la diferencia cuantitativa monetaria de la igualdad lógica en términos de valor; que aquello dado por igual resulta ser no igual, por lo común.

IV.2A.2) Si a lo anterior -que expresa por un lado la necesidad de la equivalencia de la circulación de valores en los tres ciclos, y por otro la posibilidad de su inequivalencia, sobre todo entre M - M' y D - D' (ciclos del capital mercantil y ciclos del capital dinerario).

IV.2A.3) Esta desigualdad da la posibilidad de que el valor de la mercancía concreta -ya sea, como masa de mercancías, o como fuerza de trabajo en unidades utilizadas y medidas- no coincida con la percepción de la realidad monetaria.

IV.2A.4) Presentándose finalmente entonces de la forma más sencilla ante los sentidos del hombre, reflejándose finalmente como dinero de papel y de plástico, valor que se cotiza como valor, sin serlo.

IV.2A.5) Es decir que cabe la posibilidad de que el dinero no sea equivalente al valor de cambio de la mercancía dinero -aquí, añadimos la circulación del papel moneda o el dinero de plástico-, donde podemos entonces expresar, en una forma simplificada, como es que tenemos ahora, un nuevo ciclo de circulación del capital o, de valor, expresado en un puro acuerdo comercial -que como lo dijéramos ya, puede ser y es arbitrario-.

IV.2A.6) Que depende ahora de la fuerza política y militar del centro imperialista en alianza con los intereses financieros privados internacionales.

IV.2A.7) Del análisis de la rotación de capital en los dos últimos años podemos observar una necesidad creciente de circulante y una tendencia al estancamiento del dinero, es decir, una disminución del ritmo de circulación monetaria.

La inconvertibilidad del dólar en Oro redujo sin duda los costos del circulante, permitiendo una reducción de la composición orgánica del capital global, pero al mismo tiempo, ante la necesidad de un equivalente general que mediara con justicia el intercambio burgués, fue finalmente, el destino del poder político y la tendencia al totalitarismo militar el que vino a socavar la ley del valor del sistema capitalista a favor de un sistema imperial de costos sociales e ingreso privado crecientes, el sistema de imperialismo financiero militar norteamericano...

IV.2B. Circulación de Capital

IV.2B.1) Podemos entonces representar todas las posibles formas de circulación de capital y sus combinaciones, de la siguiente manera (siempre en el marco estrictamente teórico, solo para representar las posibles combinaciones de las variables representantes de valor, únicamente en un sistema conceptual):

IV.2B.2) Utilizamos las siguientes variables:
a) P: variable que utilizaremos para representar un supuesto de equivalencia entre los circuitos P...P y M. ..M' (circulación y

funcionamiento de la producción). - Abstraemos este elemento de posible inequivalencia para evitar mayor complicación en el análisis -.

b) O: variable que utilizaremos para representar el valor del Oro, como mercancía equivalente general[169], y

c) m: variable que utilizaremos para representar el papel moneda que interviene como equivalente del equivalente general, y que asume hoy la imagen del dólar.

d) Por otro lado, si utilizamos los símbolos:

2B.2d a) ∧, para representar una variable que se mantiene constante;

2B.2d b) ¡, para representar una variable que se presenta al alza y;

2B.2d c) si utilizamos !, para representar una variable que se presenta a la baja... podríamos obtener, por ejemplo, tres

---

[169] hecho pasado, del cual ya no concuerda con la realidad- situación abandonada, por cierto, a principios de los 70's, en una medida arbitraria, tomada por el gobierno de un país con leyes donde se permite al presidente hacer negocios. II.B.2b1) Es decir, el Oro hoy ya no cumple ésta función de equivalente general II.B.2b2) Por lo tanto, ya no hay posibilidad de equivalencia - mientras se sostenga ésta situación - entre los valores de los circuitos M-M' y D-D', entre la mercancía y su precio.

II.B.2b3) Proceso que lentamente va disociando: 2b 3') el valor de la fuerza de trabajo 2b 4) del valor de cambio en las relaciones sociales de producción capitalista, 2b 5) del producto mercantil (medido en cantidad y calidad de "bienes"), 2b 6) del dinero de papel y de plástico, como signos de valor -apreciado por el capital financiero - 2b 7) circula como dueño de la sangre y de las armas, del sudor y de las lágrimas, de los bosques de todos los pinos y los animales, del insecto y del hermano, del dolor y de las almas...

situaciones de equilibrio - en el caso en que las fluctuaciones sean proporcionales:

1. ^p ô ^m,   2. ¡p ¡o ¡m,   ó   3.!p !o !m

(= una situación ideal de equilibrio del valor si suponemos fluctuaciones al alza y a la baja proporcionales).

III.2B.3) De tal forma, podemos obtener 27 combinaciones[170] y cada una con una infinidad de posibilidades numéricas, lo cual hace imposible calcular a simple vista el valor en los circuitos ahora propuestos - y es importante hacer notar ahora que, tal como explicáramos más arriba, hemos dejado de lado la posibilidad de que los circuitos P...P y M...M' no sean equivalentes como producto de valor -. Así, para simplificar proponemos como supuesto, de acuerdo con los datos analizados en el apéndice estadístico de esta tesis[171] , la figura siguiente - como tendencia posterior a la inconvertibilidad del dólar -:

III.2B.4) ^P !O ¡m (producción estancada, oro a la baja, flujo monetario creciente). - Y es importante señalar aquí, que dado el carácter explosivo que ha sido generado con la inflación así provocada. Por arbitrariedad de un Estado militarista, se han tomado medidas para suavizar el crecimiento de **m**.

a) Y, sin embargo, el resultado ha sido un acentuamiento de la caída en **O** (valor cuantitativo de la mercancía, la cual antes

---

[170] Tres combinaciones correspondientes a cada una de las variables, combinadas en línea: P a,b y c; Oa, b y c; Ma, b y c.

[171] Obtenido principalmente del libro de Macroeconomía de Rudiger Dornbush, libro de texto obligatorio en casi todas las escuelas básicas superiores de economía.

sirvió como medida aceptada de curso mundial, como dinero mundial: el Oro).

b) Una confirmación del estancamiento de **P** con una peligrosa tendencia a la caída[172] .

---

[172] Desempleo y paro, altos intereses por sobreconsumo o consumo a crédito, en medio del subconsumo causado por el desempleo. Y podemos aquí ejemplificar, con el caso de México; que, siguiendo las recetas monetaristas, ha reducido el crédito con la intención de reducir la inflación, y como resultado paralelo ha obtenido una caída de su producto de más del 5% en 1994; fenómeno conocido por su terrible influjo sobre las finanzas internacionales como "efecto tequila". Y adicionalmente, es de hacer notar que la situación de crisis explosivas, por la que paso México;, tuvo como antecedente la situación en la que ahora se encuentra la economía de Estados Unidos, pero éste con respecto a Japón y nuestro país con respecto a los intereses financieros de los poderes económicos estadounidenses, cada vez, más basados en la inflación provocada por la no legalización de las drogas, el valor arbitrario del dólar y la alta composición orgánica de capital y la transformación del plusvalor en consumo, como consumo de lujo, sector de producción donde lo que se consume, no se puede considerar como inversión o ahorro, sino como reflejo del enriquecimiento de unos cuantos a costa de todo **Hotros** (humanos y naturaleza como otros) - donde ocupa, absorbe y crece el importante espacio de la industria militar; industria no productiva, sino hasta cierto punto, de servir como costo necesario para la conservación del sistema, que requiere de grandes inversiones y de un gran personal especializado, que no se utilizan para producir bienes necesarios, que se desgastan y que consumen en grandes cantidades y dependen de la venta de la ignorancia, las armas y de conflictos bélicos (al pueblo pan y circo, incluyendo en el circo a la guerra).

Visión de largo plazo:

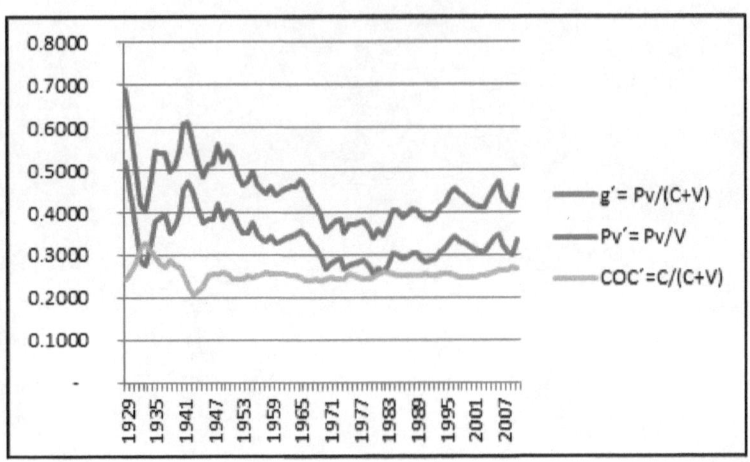

Comentarios:

1. Este es el gráfico general según los datos disponibles por el Buró de Análisis Económico del Departamento de Comercio del Gobierno de los Estados Unidos de América, en su Table 1.10. Gross Domestic Income by Type of Income (A) (Q) .

2. Consideramos los datos del Ingreso como la realización final del mercado estadounidense. Dividimos la información en cuatro grandes rubros: a) Salarios (V) , b) Impues-

tos (C1), c) Consumo de Capital Fijo (C2) y d) Plusvalor o ganancia (Pv).

3. Debemos advertir que se ha tomado la información oficial como base y por tanto existen sesgos importantes como, por ejemplo, el incluir los salarios ejecutivos dentro del valor total variable no refleja la situación de los asalariados peor pagados, ni siquiera de la mayoría; pues los altos salarios de los ejecutivos y burócratas de primer presionan a la baja la tasa de explotación numérica.

4. Partimos de 1929 con una caída abrupta de las tasas de explotación y de ganancia y se observa claramente como la línea de la tasa de ganancia(g′) cruza hacia abajo la de la Composición Orgánica de Capital (COC′) en los primeros años 30.

5. Vemos claramente una relación directa (índice de correlación positivo) entre la tasa de explotación y la tasa de ganancia.

6. Se observa claramente que los tiempos de crisis g′ se acerca a COC′ y que cuando llega a cruzarla la crisis se hace sistémica.

7. Si nos atenemos al último pico del cual inicia la contabilidad de las tasas de ganancia y de explotación observamos una caída en los años 30 con una recuperación y auge en 1945 que no alcanza los niveles de 1929. La COC′ registra para esos años una fuerte caída, la más amplia en su historia.

8. Después de breves recuperaciones cíclicas se observa una caída permanente de g′ hasta principios de los años 80.

9. La COC′ se mantiene estable en rango similar de los 24 a los 27 puntos porcentuales. Sea que g′ caiga por debajo de los 30 puntos por cien o COC′ suba este porcentaje, la crisis es sistémica. Este factor determina la caída en la masa de la ganancia.

10. Después de los años 80 se verifica una onda de crecimiento de largo plazo pero que no logra igualar los registros de la tasa de ganancia de los años 60, los 50 o los 40. Y aunque en 2009 tenemos una recuperación cíclica de 33% de la g′, por debajo del valor de la g′ de 1960 de 34.35%, o del 40.51% de 1950, o del 44.69% de 1943 y muy lejos del 44.48 % de g′ de 1930 en pleno inicio de la crisis que terminó con la segunda guerra mundial. Es decir, de no haber una recuperación de la g′ que supere o acaso se acerque a los índices de los años 60, estamos ante la evidente tendencia descendente de la tasa de ganancia y tanto el límite del 30% amenaza con ser rebasado por los dos frentes de la tasa de ganancia y de la composición orgánica de capital.

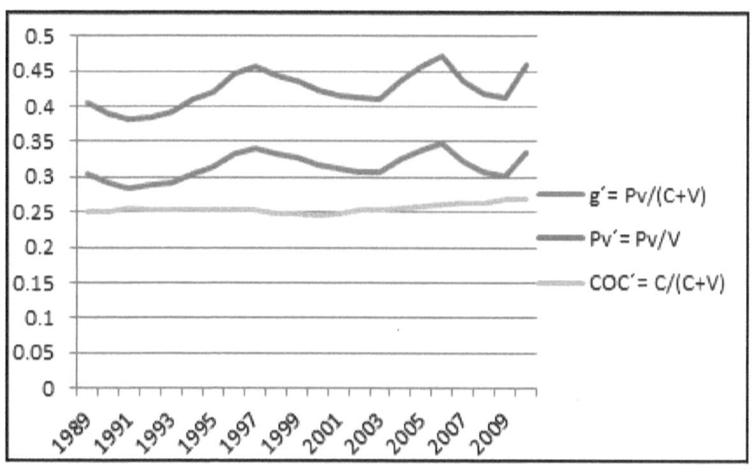

Comentarios:

1. Después de la fuerte recuperación a partir de mediados de los ochenta, vemos una recuperación discreta de las variables estudiadas. Es decir, a partir de 1989 a la fecha se vive una etapa de virtual estancamiento. Con ciclos muy claros de recuperación y caída pronunciada, cada vez más cortos donde la tasa de ganancia no ha caído por debajo de los 30 puntos porcentuales.

2. La g´ se mantiene en un rango del 30 al 35% y responde a los movimientos de la tasa de explotación pues la COC´ se mantiene en piso firme de los 25 puntos porcentuales hacia arriba, con un peligroso ascenso de 2007 a 2009.

3. Son claros los ciclos de discreto crecimiento asociados sobre todo a una mayor explotación de la fuerza de trabajo -principio básico del capitalismo y objeto principal de la ideología neoliberal – "productividad", "competitividad".

4. Si cruzamos esta información sobre COC′ y la inversión reportada en este mismo periodo encontraremos una caída de la inversión lo que indica que el incremento de COC′ no es producto de una mayor capacidad productiva, sino el incremento del peso muerto de la economía estadounidense: Fuerzas productivas subutilizadas, gastos de seguridad que encarecen la reproducción económica, destrucción de valores en toda su extensión conceptual.

Visión de Corto Plazo (2008-2011)

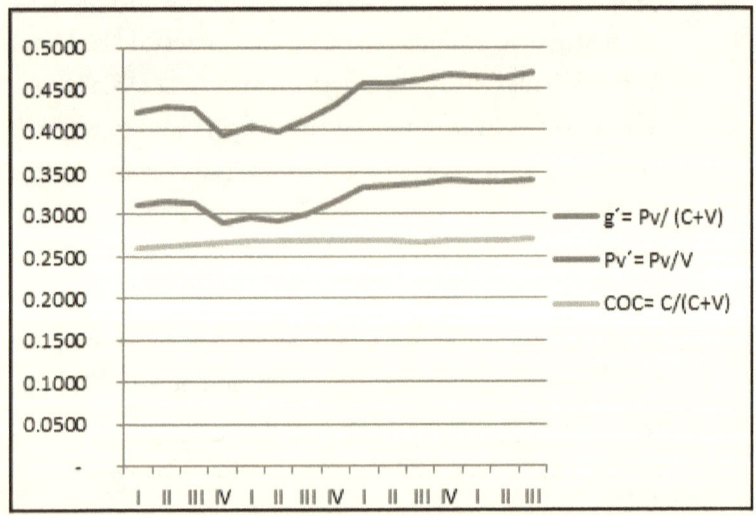

1. Para el tercer trimestre de 2011 la composición orgánica de capital se encuentra en una posición alta con respecto a las tendencias anteriores muy parecida a la etapa 2008-09, con la diferencia que la tasa de la ganancia se mantiene alta con respecto a ese mismo periodo.

2. Por esta razón pensamos que el primer factor de la crisis sistémica - el crecimiento de la COC – se ubica en 27.04%, 3% debajo de la línea crítica que marca la entrada propiamente dicha de la crisis sistémica.

3. El segundo factor, el de la tasa de ganancia (g′), si bien, dadas las circunstancias, se registró una "vigorosa" recuperación de la tasa de ganancia en 2009-10, está se ha mantenido prácticamente estancada desde entonces en un 34%, 4% por encima de la crisis sistémica.

4. La tasa de explotación es paralela alrededor de los diez puntos arriba. Esto indica que el único indicador del cual depende la reproducción ampliada del sistema - siendo casi indiferente a la COC′-, es la tasa de explotación de la fuerza de trabajo, aumentar las horas de trabajo y la intensidad del mismo es el objetivo final del neoliberalismo y su única alternativa en un capitalismo decadente.

2010-2012

0.5
0.45
0.4
0.35
0.3
0.25
0.2
0.15
0.1
0.05
0
Pv´=Pv/V
g´=Pv/(C+V)
COC= C/(C+V)
I II III IV I II III IV I II
2010 2011 2012

2011-2019
60.00%
50.00%
40.00%
30.00%
20.00%
10.00%
0.00%
2011 2012 2013 2014 2015 2016 2017 2018 2019 2020
Pv´ g´ COC´

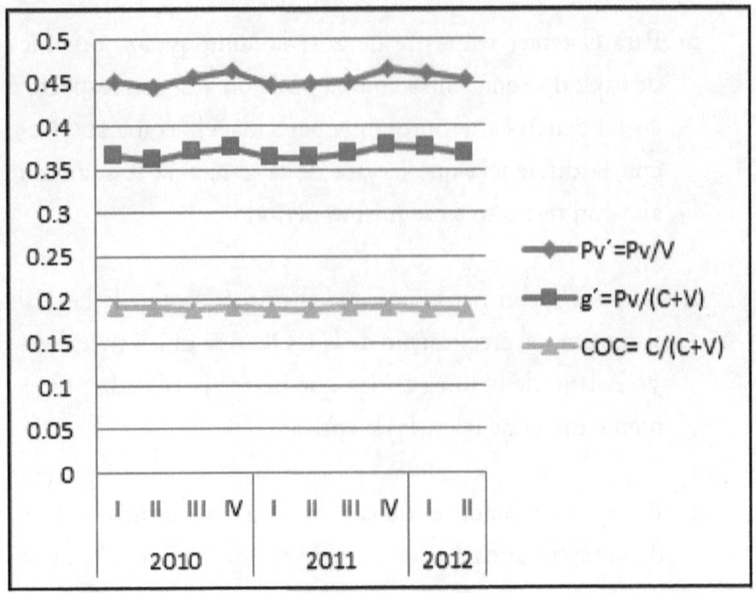

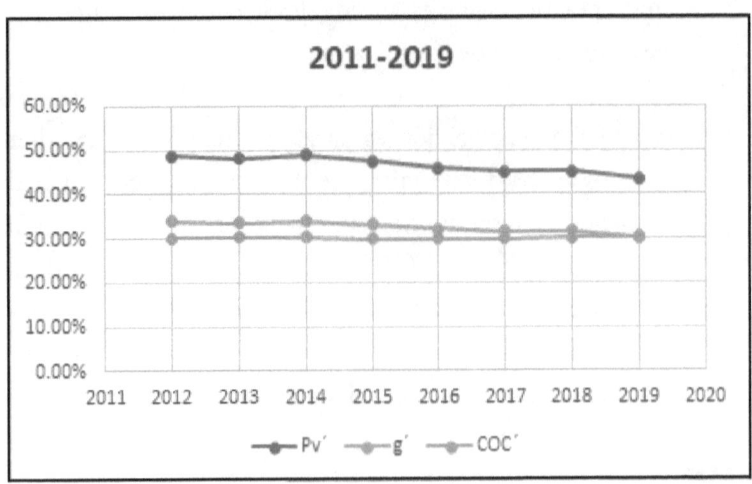

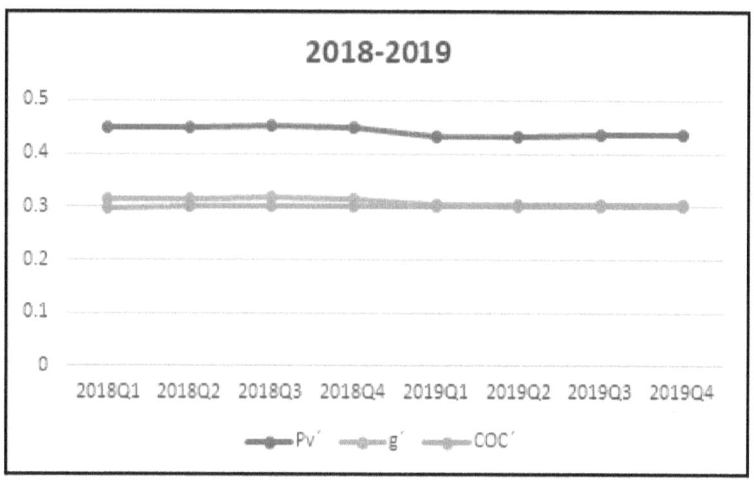

2018-2019
0.5
0.4
0.3
0.2
0.1
0
2018Q1 2018Q2 2018Q3 2018Q4 2019Q1 2019Q2 2019Q3 2019Q4
Pv´   g´   COC´

"...Engels dijo en cierta ocasión: La sociedad burguesa se encuentra ante un dilema, o el progreso hacia el socialismo o la regresión a la barbarie... Nosotros nos encontramos hoy, pues, exactamente como Friedrich Engels lo había previsto hace una generación, hace 40 años, ante la opción: o el triunfo del imperialismo y caída de toda civilización como en la antigua Roma: despoblación, destrucción, degeneración, un vasto cementerio, o la victoria del socialismo, es decir, la acción consciente de lucha del proletariado internacional contra el imperialismo y su método: la guerra..."

ROSA LUXEMBURGO

"El mundo capitalista se enfrenta a la alternativa siguiente: o bien la guerra permanente... o bien la revolución proletaria".

TROTSKI

V. CONCLUSIONES, CONCEPTOS
Y COMENTARIOS FINALES

V.I. Los ciclos monopólicos del capital: D-D'= M-M'

1. Como definiéramos en los capítulos anteriores, la rotación del capital se representa con tres diferentes ciclos (P...P, M...M' y D...D'). Estos, en estado de equilibrio, son necesariamente una igualdad en términos de valor. Las desviaciones del valor que se transforma de capital productivo en capital mercantil, son salvadas por los movimientos del capital dinerario.

2. El movimiento del capital dinerario forma los precios; de ahí que las desviaciones entre el valor del capital mercantil y el valor del capital dinerario puedan representar, al mismo tiempo, equilibrio en una parte del sistema global del capital, y desequilibrio para algunos ciclos de capital segmentados por la competencia.

3. Con la concentración monopólica, algunos circuitos de capital -los más poderosos-, llegan a influir de tal forma en la llamada "macroeconomía", que el equilibrio de los modelos dependen del buen funcionamiento de dichos ciclos. Estos ciclos son dominados por unos cuantos grandes capitales, a la vez dominados por el capital financiero. La competencia se encarga entonces, inicialmente, de hacer

funcionar al sistema como un sistema de transferencia de valores[173] .

4. Cuando de los ciclos con una composición orgánica de capital más baja entra en relación comercial con uno de composición orgánica de capital más alto; por un lado, se transfiere valor a los de composición orgánica alta, permitiendo la nivelación de la tasa de ganancia y, por ende, del equilibrio del sistema[174].

5. Y no hay mayor peligro que el paulatino agotamiento de las fuentes de plusvalor combinado con un estancamiento en el desarrollo de las fuerzas productivas. En estos casos la nivelación de la tasa de ganancia depende del plusvalor - y el valor - de los circuitos aledaños al circuito dominante.

V.II. Destrucción de Valor: de la "Globalización y destrucción de capitales periféricos"[175]

1. El fenómeno ahora en marcha es una desaparición paulatina de ciclos dependientes por el continuo drenaje de

---

[173] La creación de mercados "globales" es el reflejo de las necesidades de uno o varios circuitos de capital interrelacionados como cadena productiva.

[174] Podemos representar lo anterior con la técnica de los diagramas de Venn. Una serie de conjuntos que representen los diferentes ciclos de capital, donde unos, más grandes que otros se interrelacionan.

[175] Al respecto escribe Jorge Franco López, en un artículo extraído de Internet, de una sección llamada: *Documents on Mexican* Politics 74054.1444@ compuserve.com (consultado en fecha:16/01/97). En este artículo se refleja en toda su extensión la ilusión del mercado, donde el valor de los negocios está dado por su capacidad para sostener una tasa de ganancia suficiente a las necesidades del sistema, lo cual elimina por sí mismo la posibilidad de dar

plusvalor y valor hacia los ciclos dominantes - ciclos financieros, que tal y como planteáramos anteriormente, han
llegado a la cumbre del fetichismo del dinero

2. Lo que explica la convivencia de una aguda contracción
del mercado con el "éxito" del modelo y los niveles históricos alcanzados en la bolsa. De esta forma, el sistema
elimina las posibles transferencias hacia ciclos que no sean
el dominante, agota los dependientes y provoca el consecuente desequilibrio del modelo.

3. Sin embargo, el funcionamiento actual del sistema dista
de ser automático. Para su funcionamiento, por el peligro
constante del desequilibrio, por las repercusiones sociales
del mismo, y por la tremenda caída de la tasa de ganancia,
la burguesía encuentra en la teoría Shumpeteriana y en las
instancias económicas mundiales aliados invaluables que
dirigen y hacen la planeación de las transferencias de plusvalor y **¡valor!**[176].

4. En síntesis, el dólar, un papel moneda nacional que sirve
como moneda de curso mundial, es el capital por excelen-

---

algún valor al trabajo no adecuado a esta necesidad - fenómeno explicado
por Marx en sus *Gundrisse* como destrucción de valor y en sus *Manuscritos Económico-filosóficos*, como enajenación del hombre por el trabajo en el
capitalismo. Lástima que tan agudo observador sea incapaz de salir de la
lógica del mercado y confunda así los términos, no dando posibilidad a una
respuesta que trascienda la lógica del capital.

[176] La manipulación de tipos de cambio, que originalmente se justifican para
encarecer o abaratar los precios de las mercancías a exportar o importar, tienen como contraparte el abaratamiento o el encarecimiento del capital. Este
hecho explica la tendencia a la compra de activos de capital por parte de los
países con una moneda relativamente más fuerte. La venta de la petroquímica y de la demás paraestatales se vieron favorecidas por una caída del tipo de
cambio del peso, lo que no es más que una de las técnicas de drenaje de valor.

cia, pero sin mayor respaldo que la disposición de los gobiernos burgueses. Los tipos de cambio, las tasas de interés y el mercado de futuros determinan los precios relativos de los productos y capitales productivos, y de valor del dólar. La bolsa y los especuladores tienen el poder; los gobiernos se reparten las migajas.

5. Hemos demostrado que la composición orgánica de capital – si incluimos el consumo de servicios como costo en el sector de bienes de producción -, es ya tan alta que las fuentes aledañas de plusvalor al circuito de capital dominante son ya insuficientes; y que la insuficiencia es tal que ni la absorción, ni la destrucción total de ciclos en favor de los más poderosos es alternativa para la sociedad humana, puesto que la interrelación de los mercados es característica esencial del progreso. Asimismo, hemos demostrado que aún y cuando el consumo de servicios no sea incluido en el sector de bienes de producción como costo, el resultado final de la reducción en la composición orgánica del capital es una tendencia a la contracción del capital productivo, es decir, de la valorización.

6. Para representar el efecto de la asimilación de los circuitos de capital menores, representados por países o circuitos con una menor composición orgánica de los costos. Proponemos ahora imaginarlo desde una perspectiva simbólica utilizando una secuencia de "Diagramas de Venn" que representan el crecimiento de la "burbuja" del capital dominante y la paulatina absorción de las burbujas más pequeñas hasta su total asimilación, generando un peso muerto que es incapaz de sostenerse por sí mismo. Una

desaparición paulatina de circuitos que cada vez son más pequeños y que van a engrosar la masa del circuito dominante, circuito que reduce paulatinamente su capacidad de valorización por el peso de los costos. Es decir, el libre comercio, efectivamente genera crecimiento económico y al mismo tiempo destrucción de capital y de valor trabajo. La riqueza privada fomenta la pobreza pública y la esclavitud computarizada por medio de las tarjetas de crédito genera la ilusión de la riqueza.

7. Para los países del primer mundo cobran hoy especial importancia rubros como la investigación científica, la planeación y la educación superior; estas son impulsadas en un intento por encontrar las soluciones a los constantes desequilibrios macroeconómicos que los agobian.

V.III. Forma dinero y fetichismo de la mercancía.

El economista, como sumo sacerdote, es portador de la ideología que ha de ofrecer culto a los valores de la sociedad capitalista. Su palabra es dogma de fe que pretende explicar el misterio de una sociedad que, careciendo de una religión de Estado y habiendo desarrollado el concepto del derecho más allá de las religiones, no ha evolucionado totalmente, sin embargo, por encima de los intereses individuales. En el siglo pasado, los derechos humanos fueron suplantados por el derecho del hombre burgués y los derechos del ciudadano se concibieron como la "seguridad del individuo", entendiendo por ello la acción de la policía para salvaguardar la sacrosanta propiedad privada de los valores de uso materiales y espirituales[177]. Las condiciones económicas de la actualidad mundial reflejan la agudización de las contradicciones y ponen en entredicho los principios del sistema. El fundamento espiritual del sistema capitalista es la enajenación del individuo y la sociedad, debido a la "mágica" aparición de los productos en el mercado fenómeno conocido como "fetichismo de la mercancía". Esta se hace visible al individuo como un objeto sin historia y aislado de la acción humana productiva; se alza por encima de las cabezas de los hombres y se erige como objeto directamente inalcanzable para las manos del simple mortal. Hasta principios del siglo pasado, para obtener el objeto de culto del sistema - para obtener la mercancía - era preciso vender algo propio - algún valor de uso producido individualmente, por lo común, fuerza de trabajo - a cambio de la mercancía/dinero. Posteriormente, la propia mercancía dinero, que servía de equivalente general tuvo la necesidad de "diluirse" en un cuerpo menos "pesado" que el oro, que le permitiera facilitar la circulación dentro del sistema para acelerar la rotación del capital y así, permitir el sostenimiento de la lógica del capital. La enseñanza histórica de reemplazar le mercancía dinero por símbolos en papel es la fragilidad y fácil sobreestimación del sistema crediticio, así como la pérdida total de parámetros que permitan reconocer la situación real del sistema.

A pesar de la tan propagandeada derrota del socialismo real, el capitalismo se encuentra ahora ante problemas crecientes; no sólo en cuanto a seguridad social, también en cuanto a la reproducción misma de ganancias medias que permitan mantener la competencia mundial. El sistema en su conjunto necesita de una fórmula que no trastoque las bases de la acumulación del capital, fórmula que aparece en las doctrinas del "monetarismo", el "ofertismo" y todo

---

[177] Marx, Carlos. En Obras Fundamentales T-1, Escritos de juventud. "Sobre la cuestión judía". FCE.

neoliberalismo. En este marco, la discusión de antaño sobre el futuro de los países en los que apareció tardíamente el capitalismo se vuelve cada vez más actual. El sueño de la modernidad cada vez se estrella con más fuerza contra el muro de la realidad que viven grandes territorios del mundo en Latinoamérica, África o Asia, o ya en los mismos centros del imperialismo mundial. El sueño de la modernidad es para los pueblos que habitan estos lugares más una pesadilla que otra cosa.

Tal y como predijera Grossman antes de la crisis del 29, el papel de la especulación en el capitalismo tiene límites[178]. Si bien la especulación, junto con la exportación de capitales y la venta de garantías estatales[179] permiten dar una alternativa de inversión al exceso de dinero, lo que permite la creación de nuevas fuentes de plusvalor y un incremento en la tasa de ganancia ; podemos hacer la observación de que, cuando menos, en realidad bonos privados y los papeles del gobierno son solo promesas de pago y, hoy, con la inconvertibilidad del dólar en oro, no podemos saber cuál es el valor real de dichos activos, ni si rinden en realidad los intereses que se pagan por la posesión de dichos bonos, no sabemos si la tasa de ganancia de la industrias privadas.

En estos periodos, cuando el dinero de papel se convierte valor, se invierte totalmente la realidad, por lo menos en dos aspectos: 1) El valor de uso de la moneda se convierte en valor de cambio y, los precios, en valores independientes de la producción real; 2) La forma relativa del valor por excelencia pasa a ser el dinero; que hasta antes se concebía como forma de equivalente general[180].

---

[178] Grossmann... Ibid... Cap. "El papel de la especulación en el capitalismo". p.317 - 373

[179] Lo que permite que el gobierno adquiera la posibilidad de presionar las tasas de interés a la baja para dispersar el capital interno.

[180] Marx. EL CAPITAL. Sección primera. Revisar "La forma de valor o el valor de cambio". Ed. Siglo XXI.

Y ésta transposición de las formas del valor - la forma relativa en equivalente y la equivalente en relativa -, fuerza la producción, que entonces requiere de la intensificación del crédito; presentándose entonces el fenómeno inflacionario como reflejo. Es decir, el fetichismo de la mercancía alcanza el más alto grado de enajenación; se convierte en la pura imaginación matemática expresada en los modelos de equilibrio. Las crisis que así estalla, sólo es salvada si la "inflación" restablece el equilibrio perdido por la caída de la tasa global de ganancia favoreciendo entonces la concentración y centralización del capital.

Estas son las épocas de la transferencia y destrucción en masa de capitales en favor de aquellos que de entre ellos son más aptos para los nuevos patrones de acumulación que se generan con la crisis.

En esta tesis pretendimos demostrar como hoy el fetichismo de la mercancía[181] ha alcanzado un círculo de transformaciones acaso imposibles de salvar, fenómeno que se explica por sí mismo sin la necesidad de abstraer la velocidad que adquiere la rotación del capital. Contrariamente, los economistas neoliberales, duchos en las matemáticas, creen haber encontrado la respuesta: si históricamente los precios inflacionarios pueden restablecer el equilibrio; si la inflación no puede ser ya global, pues la inflación se presenta ya de forma natural por créditos otorgados sin sustento productivo a futuro. Es decir, puesto que dichos créditos, que se presentan como créditos al Estado y a los particulares para el consumo ya sea productivo e improductivo, no sirvieron para incrementar la tasa global de la ganancia, y, más bien al contrario, actúan disminuyendo aún más dicha tasa, y consumiendo en el

---

[181] Ibid. "El carácter fetichista de la mercancía y su secreto". Pp. 87-102

presente - que ya es el pasado -, lo que había de consumirse en el futuro; los neoliberales se proponen:

a) Con absoluta rigurosidad, inflar solo aquellos precios que resulten benéficos para el incremento de la tasa de ganancia, independientemente de lo que suceda con la producción. Estos precios son ciertas monedas y papeles, de esta forma explicamos la manipulación de los tipos de cambio y las tasas de interés en beneficio del capital especulativo.

b) Desinflar la burbuja inflacionaria contrayendo el mercado, reduciendo los precios y los gastos que no favorecen el incremento de la tasa de ganancia. Así, eliminando una parte del crédito, reduciendo los gastos del Estado, los del consumo, y manteniendo estancados los salarios, se pretende detener la inflación. Como vimos, dichos mecanismos son exitosos para sostener la tasa de ganancia a costa de reducir los niveles de vida de la sociedad en su conjunto despojándola paulatinamente.

En dichos resultados se sostienen las expectativas favorables del sistema y los niveles históricos al alza de las bolsas de valores. Estamos vislumbrando en el horizonte un gran cambio social, la paradoja está planteada.

V.IV. Otras gráficas

Producto Interno Bruto en Estados Unidos

1929-2011

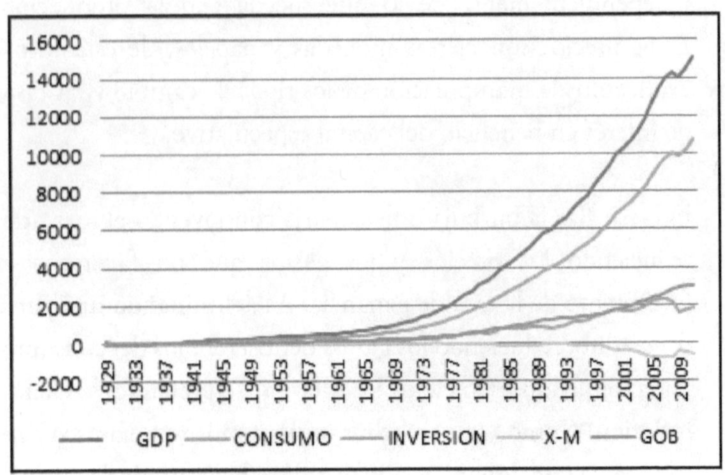

Ganancias, Inversión y Gasto de gobierno

1929-2011

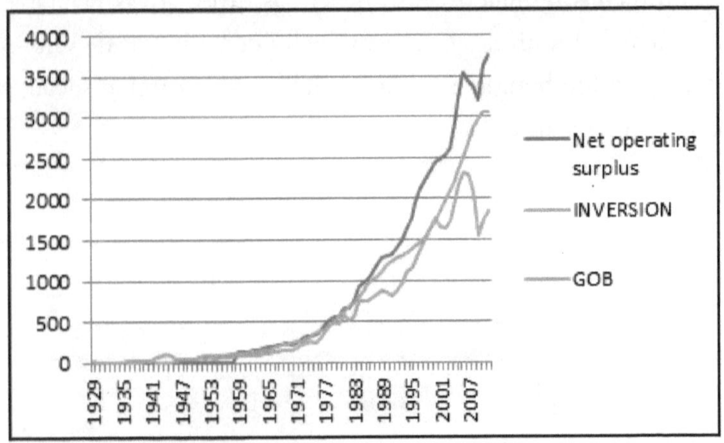

BIBLIOGRAFÍA

La Ley de la Acumulación y el Derrumbe del Sistema Capitalista. Grossman, Henrick Siglo XXI. 2a. Edición.

Dinero Interés y Banca en el Desarrollo Económico. Maxwell, J. Fry. CEMLA - FE-LABAN.

Economía Internacional. Chalcholiades, Miltiades. Mc Graw Hill.

¡Yen! Burnstein, Daniel. Lasser Press. 1989.

Macroeconomía. Dornbusch, Rudiger. Mc. Graw Hill. 1994.

Curso de Economía Moderna. Samuelson. Aguilar. España.

Teoría y Política Macroeconómica. Branson, W. H. FCE

Teoría Microeconómica. Ferguson y Gould. FCE.

Teoría General de la Ocupación, el Interés y el Dinero. Keynes, J. M. FCE.

Principios de Economía Política. D. Ricardo. Sarpe.

Crítica de la Economía Clásica. Keynes, J. M. Sarpe.

Teoría de la Dinámica Económica. Kalecki, Michel. FCE.

Teorías del Valor y de la Distribución desde Adam Smith. Dobb, Maurice. Siglo XXI.

Contribución a la Economía Moderna. Robinson, Joan. Siglo XXI.

Teoría Monetaria. Newlin, W. T. FCE.

Teoría Económica En Retrospectiva. Blaug, Mark. FCE.

Historia de las Doctrinas Económicas. Roll, Eric. FCE.

La Política Monetaria. Brunhoff, Suzanne de. Siglo XXI.

La Organización del Dinero en el Mundo. Cohen. FCE.

Marx, Sraffa y el Problema de la Transformación. Steedman, Ian. FCE.

Estudios Sobre la Teoría del Imperialismo. Owen y Stcliffe. Era.

La economía mundial y el imperialismo. Bujarin, Nicolai I. Cuadernos Pasado y Presente.

Economía política del rentista. Bujarin, Nicolai I. Laia. España.

Crítica de la Teoría Económica Contemporánea. Mattick, Paul. Era.

Marx y Keynes (Los Limites de la Economía Mixta). Mattick, Paul. Era.

La Acumulación a Escala Mundial. Amir, Samin. Siglo XXI.

Teoría del Desarrollo Capitalista. Sweezy, Paul M. FCE.

Lecciones de Teoría Económica Marxista. Desai, Meghad. Siglo XXI.

La Teoría del Dinero de Marx y la Actualidad. E. Andres. Progreso.

Sobre el Valor. Salama, Pierre. Era.

Las Ondas Largas del Desarrollo Capitalista. Mandel, Ernest. Siglo XXI.

El Capital. Cien Años de Controversia en Torno a la Obra de Marx. Mandel, Ernest. Siglo XXI.

El Capitalismo Tardío. Mandel, Ernest. Era.

El Dólar y la Crisis del Imperialismo. Mandel, Ernest. Era.

El Capitalismo Moderno. Sweezy, Paul M. Nuestro Tiempo.

Las Teorías de la Acumulación. Sokolinsky, Z. V. Nuestro Tiempo.

El Fin de la Prosperidad. Morris, Sweezy y Magdof. Nuestro Tiempo.

Critica de la Teoría Económica Burguesa. Varios autores. Nuestro Tiempo.

¿Derrumbe del Capitalismo o Sujeto Revolucionario? Korsch, Mattick y Pennekoek. P y P.

La Crisis Global del Capitalismo en México. 1968 - 1985. Álvarez, Alejandro. Era.

Teorías de la Tasa de Interés. Sánchez Daza Alfredo. UAM.

Ensayos Sobre la Acumulación de Capital en México. González Soriano Raúl. UAP.

Crítica de la Economía y la Política. López Díaz Pedro. UAP.

Imperialismo y Ley del Valor. Guillen Arturo.

La Acumulación de Capital. Luxemburgo, Rosa.

El Romanticismo Económico. Lenin V. I. Colección 70, Grijalbo.

Imperialismo: Fase Final del Capitalismo. Lenin V. I. Progreso.

Introducción a La Crítica de la Economía Política. Marx Carlos. En Obras Fundamentales. FCE.

Gundrisse. Tomos I y II. Marx, Carlos. En Obras Fundamentales. FCE

Teorías de la Plusvalía. Tomos I, II Y III. Marx, Carlos. En Obras Fundamentales. FCE.

El Capital. Tomos I, II Y III. Marx, Carlos. Siglo XXI.

Salario, Precio y Ganancia. Marx, Carlos. Progreso.

Sobre la Cuestión Judía. Marx, Carlos. En Obras Fundamentales. FCE

Manuscritos Económico - Filosóficos. Marx, Carlos. En Obras Fundamentales. FCE

Apuntes para una Crítica del Derecho. Marx, Carlos. En Obras Fundamentales. FCE

Lógica Formal, Lógica Dialéctica. Lefebre, Henri. Siglo XXI. 15a. Edición.

Fenomenología del Espíritu. Hegel G.W.F. FCE.

Lecciones para una Historia de la Filosofía. Hegel G.W.F. FCE. Tomos I y II

Anatomía de la Destructividad Humana. Fromm, Erich. Siglo XXI.

El Miedo a la Libertad. Fromm, Erich. Paidós.

Las Enseñanzas de Don Juan. Castaneda Carlos. FCE, varias ediciones.

El Camino de las Nuves Blancas. Govinda, Anagarika. Fundación Tres Joyas editorial. 1995.

Poesía Completa. Huerta, Efraín. FCE.

Artículos y otros:

"Ensayos sobre economía positiva". Varios. Friedman, Milton y otros. En Lecturas de Política Económica. ECD - DEP - UNAM, 1982

"El neoliberalismo carioca". En Economía Informa. UNAM.

"El capitalismo mundial en los ochenta." Aglietta, Michel. En Cuadernos Políticos No. 37.

"Globalización y destrucción de capitales periféricos". Franco López Jorge. En Documents On Mexican Politics. (74054.1444acompuserve.Com). Consulta: 16/01/97.

Varios: *Revista Survey of Current Bussines.*

Disco: *El profeta del nopal* de Rodrigo González. Discos Pueblo. Canción Mexicana.

COLAPSO EN ESTADOS UNIDOS
EL DERRUMBE GLOBAL DEL CAPITAL
de *J. Luis González G.*

Se terminó de imprimir en junio de 2020 en Guadalajara, Jalisco, México. Se tiraron 500 ejemplares. Para su diseño se usaron fuentes de la familia Adobe Garamond Pro a 9-20 puntos. Cuidaró de la edición el autor. El diseño editorial fue por cuenta de Galaxia Literaria / Punto&Coma Editores.

hola@galaxialiteraria.com
informes@puntoycomaeditores.com
www.puntoycomaeditores.com
www.galaxialiteraria.com
Tel. y WhatsApp: 33 14822765

www.ingramcontent.com/pod-product-compliance
Lightning Source LLC
Chambersburg PA
CBHW031058250726
48655CB00004B/1497